Über den Verfasser

Peter Krafft, geb. 1938, Studium der Klassischen, Russischen und Mongolischen Philologie in Bonn, Promotion 1964, Habilitation 1972 in Klassischer Philologie. Apl. Professor in Bonn seit 1976, seit 1978 Professor für Klassische Philologie an der Katholischen Universität Eichstätt.

Veröffentlichungen: Beiträge zur Wirkungsgeschichte des Älteren Arnobius, 1966; Die handschriftliche Überlieferung von Cornutus' Theologia Graeca, 1975; kommentierte Ausgabe von Nepos' De Viris Illustribus, 1993; Zeitschriftenaufsätze u. a. zu Kallimachos, Nonnos, Xenophon, Apuleius, Livius, Seneca, Vergil.

Peter Krafft

Orientierung
Klassische Philologie

Was sie kann,
was sie will

rowohlts enzyklopädie
im Rowohlt Taschenbuch Verlag

rowohlts enzyklopädie
Herausgegeben von Burghard König

Originalausgabe
Veröffentlicht im Rowohlt Taschenbuch Verlag GmbH,
Reinbek bei Hamburg, April 2001
Copyright © 2001 by Rowohlt Taschenbuch Verlag GmbH,
Reinbek bei Hamburg
Umschlaggestaltung Beate Becker
Satz Sabon und Syntax PostScript (PageOne)
Gesamtherstellung Clausen & Bosse, Leck
Printed in Germany
ISBN 3 499 55616 2

Die Schreibweise entspricht den Regeln
der neuen Rechtschreibung

INHALT

Einführung

Am 18. Januar 52 v. Chr. begegneten sich in der Nähe Roms zwei der gefürchteten Schlägerbanden, mit denen sich im beginnenden römischen Bürgerkrieg die führenden Politiker umgaben, die «linke» des Clodius Pulcher und die konservative des Annius Milo; während der unvermeidlichen Prügelei flüchtete sich Clodius verletzt in ein nahe gelegenes Privathaus, wurde aber auf Befehl Milos wieder hervorgezerrt und erschlagen. Im Mordprozess – Milos Verhalten ließ die milderen Anklagen wegen Totschlags oder Körperverletzung mit Todesfolge nicht zu – wurde Milo von seinem Parteifreund, Roms Staranwalt Cicero, verteidigt und mit Hilfe unerhörter Tatsachenverdrehungen und tückischer Schlussfolgerungen reingewaschen: Milo sei damals neben seinen Leibwächtern *auch* von seiner Gattin begleitet, also (!) in friedlicher Absicht unterwegs gewesen, Clodius habe *nur* seine Garde bei sich, also (!) unzweifelhaft ein Attentat im Sinn gehabt; Milo habe den fatalen Befehl gar nicht mehr geben können, da seine Söldner aus rührender Sorge um ihren guten Herrn den Angreifer bereits in Notwehr getötet hätten (wo das geschah, lässt Cicero lieber unerwähnt); durch Milo seien die Römer von einem brutalen Terroristen befreit worden (dass Milo dasselbe «Gewerbe» ausübte, bleibt wieder tunlichst unerwähnt), dafür wolle man ihm doch wohl nicht mit einem Mordprozess danken usw. Ein *Laie*, der Ciceros Rede liest, kommt schwerlich umhin, diese bedeutende Persönlichkeit der Antike enttäuscht als skrupellosen Politiker ohne Rechtsgefühl und Moral anzusehen, der selbst vor der Verharmlosung eines evidenten Mordes nicht zurückscheute. Erst die *philologische* Hintergrundinformation, dass antike Redner von ihrem Standesethos her verpflichtet waren, für ihren Klienten das Äußerste zu wagen und statt eines beweisenden Sachvortrags ein *rhetorisches* Meisterwerk abzuliefern hatten, das mit geschickten und packenden Formulierungen die Geschworenen überreden sollte, befreit Cicero von diesem ungünstigen Eindruck: Seine Rede spiegelt gar nicht seine Persönlichkeit und Einstellung wider, sondern ist ein typisches Produkt der damaligen Rechtskultur und nur auf diesem vom heutigen Standard abweichenden Hintergrund adäquat zu verstehen. Das Bemühen um ein solches Verständnis bliebe freilich akademisch, wenn es nicht zugleich das Augenmerk auf die rhetorische Manipulation der Hörer bzw. Leser richtete, ein Phänomen, das zeitgenössischen Verlautbarungen aus Politik, Presse, Werbung nicht fremd ist: Dieser aktuelle Kern, der unter der römischen Schale steckt, macht den uralten Text doch wieder aktuell, seine kritische Lektüre zu einer exemplarischen Einübung in die Möglichkeiten der Rhetorik.

Das kleine Beispiel illustriert die Gratwanderung der drei Altertumswissenschaften Klassische Philologie, Archäologie, Alte Geschichte. Da sie es mit einer vergangenen, fremden Kultur zu tun haben, ist ihre Aufgabe einerseits zum guten Teil ein Selbstzweck ohne erkennbaren Gegenwartsbezug: das Sammeln alter Zeugnisse dieser Kultur, ihre korrekte Erklärung und Deutung aus dem historischen Kontext, ihre Auswertung für ein möglichst umfassendes Gesamtbild der antiken Welt – selbst in den Teilbereichen, für die kaum ein aktuelles oder aktualisierbares Interesse besteht (Bücher über antike Ämterlaufbahnen oder Dichterkommentare bereichern zwar das Fachwissen, wirken darüber aber schwerlich hinaus). Wer sich trotzdem auf diese Arbeit einlässt, wird bald das Faszinierende dieses zweckfreien Forschens, Wiederfindens, Rekonstruierens bemerken und dem adäquaten, richtigen Verstehen eines antiken Textes oder Faktums einen eigenen Wert zugestehen. Andererseits verlangt die von der Naturwissenschaft geprägte Vorstellung von Wissenschaft und Forschung auch von den Altertumswissenschaften – wie von jeder Geisteswissenschaft – Aktualität und Anwendbarkeit. Während die Neueren Philologien hier die Vermittlung von Sprachpraxis und Landeskunde ins Feld führen, können die Altertumswissenschaften eher auf indirekte Bezüge zur Gegenwart verweisen:

1. Die griechisch-römische Antike ist neben dem Christentum die Wurzel der europäischen Kultur und durchdringt – oft unerkannt – noch immer viele ihrer Bereiche. Die antike Mythologie

und Sage ist wegen ihrer Exemplarität noch immer Stoff zahlreicher Literatur- und Musikwerke (z. B. Anouilhs *Antigone*, Camus' *Le Mythe de Sisyphe*, Heiner Müllers *Philoktet*, Christa Wolfs *Medea*, Klossowskis *Le Bain de Diane*, Richard Strauss' *Ariadne auf Naxos*), die antiken Literaturgattungen (Tragödie, Komödie, Roman, Epos, Epigramm, Fabel, Novelle) bilden noch immer den Grundstock der für die *europäische* Literatur spezifischen Genera, das europäische Zivilrecht basiert auf dem römischen und verdankt diesem grundlegende Begriffe wie Eigentum, Besitz, Schadensersatz, Nießbrauch, Kaufvertrag, die europäische Philosophie beruht auf dem Begriffssystem der griechischen (z. B. Sein, Existenz, Substanz, Kategorie, Glück, Tugend), die europäische Logik auf den Vorarbeiten des Aristoteles und der Stoiker, die christliche Theologie beginnt mit der Übernahme griechischer, vor allem neuplatonischer, Philosopheme durch die griechischen (Origenes, Gregor von Nyssa) und lateinischen (Augustinus) Kirchenväter und setzt sich mit der aristotelischen Wende zur Zeit der Scholastik fort, die erste bundesstaatliche Verfassung der Neuzeit, die der USA, greift bewusst auf Berichte über griechische Bundesstaaten (Böotien) zurück, der hippokratische Eid wiederholt das Berufsethos des griechischen Arztes Hippokrates (5. Jh. v. Chr.), das umstrittene Thema eines «Sterbens in Würde» als Gegengewicht zur Apparatemedizin setzt die stoische Lehre vom Freitod, der das Vernunftwesen Mensch vor dem Absinken in vernunftlose Extremstadien des Verfalls und Schmerzes bewahren sollte, unverändert fort. Gewiss muss nicht jeder diese Anfänge heutiger Vorstellungen und Modelle studieren, ihre Kenntnis trägt aber doch zu einem tieferen Verständnis der späteren Weiterentwicklungen und Verwicklungen bei, lässt das Gewachsene, Traditionelle vieler Ideen und Strukturen gegen die Annahme ihrer Beliebigkeit und Verfügbarkeit ans Licht treten.

2. Die Verbindung von Antike und Neuzeit äußert sich nicht selten unter einem Aspekt, den der Konstanzer Romanist R. Jauss mit dem Begriffspaar «Alterität/Modernität» umschrieben hat. Heutige Ideen, Vorstellungen, Strukturen erscheinen oft in verfremdeter, z. B. mittelalterlicher oder antiker Form schon in früheren Kul-

9

turepochen. Ihr Vergleich bereichert nicht nur die fachwissenschaftliche Beschreibung der früheren Erscheinungsformen, sondern führt durch die Reflexion auf die eigene Zeit zum vertieften Verstehen der Gegenwart, ihrer Fortschritte oder Defizite, ihre ständige Wiederkehr unter verschiedensten Einkleidungen deckt grundlegende, unaufhebbare Probleme auf. Wenn z. B. der Tragiker Sophokles vorführt, wie Antigone das Gesetz des Herrschers Kreon, das bei Todesstrafe die Bestattung eines gefallenen Feindes verbietet, missachtet und der sittlichen Pflicht zur Achtung der Totenehre folgt, so ist die Einkleidung des Konflikts gewiss unmodern – die Antike glaubte, ein Verstorbener könne *nur* nach vorheriger Bestattung seines Leichnams erlöst werden, und musste deshalb in der Bestattung mehr sehen als einen frommen Brauch –, der Zwiespalt zwischen Macht und Recht, Gesetz und Moral verliert dadurch nichts an Exemplarität, Antigones Lösung nichts an Vorbildlichkeit. Die Tatsache, dass Anouilhs Antigone die Bestattung nur benutzt, um aus existenzialistischem Lebensekel den eigenen Tod herbeizuzwingen, gewinnt umgekehrt erst dann ihr volles Profil, wenn man sie mit der griechischen Vorlage des Stücks vergleichen kann.

Der römische Romanautor Apuleius (2. Jh. n. Chr.) schiebt in seinen *Goldenen Esel* einen Liebesroman ein, der in mehreren Episoden die Geschichte des Paars Charite/Tlepolemus verfolgt: Kurz vor der Hochzeit wird Charite von Räubern entführt (das ist eine Standardszene antiker Liebesromane und soll dem Leser die von Apuleius gemeinte Literaturgattung signalisieren), ihr Bräutigam schleicht sich, als Räuber verkleidet, bei der Bande ein und bringt es bald zum Räuberhauptmann, was ihm endlich die Möglichkeit gibt, die Bande der Polizei in die Hände zu spielen und Charite zu retten. Aber bald nach diesem dank Tlepolemus' Kühnheit doch noch möglich gewordenen Happy End wird dieser bei einem fingierten Jagdunfall von seinem Freund, der sich unsterblich in Charite verliebt hat, ermordet. Der falsche Freund schmeichelt sich tröstend und helfend bei der jungen Witwe ein und hätte sein Ziel erreichen können, hätte nicht Charite vom Geist des getöteten Gatten die schreckliche Wahrheit erfahren. Sie tötet den Nebenbuhler und schließlich, um der weltlichen Gerichtsbarkeit nicht anheim zu fallen, sich selbst. Dies kann man laienhaft als Schauerstory voller Dramatik lesen und als spannende Unterhaltung empfinden; Philologen würden daran streng fachwissenschaftlich die Desillusionierung der Gattung Liebesroman beobachten: Apuleius blickt ja als erster Romanautor einmal über das Happy End hinaus, mit dem schon die antiken Vertreter dieser Gattung zu schließen pflegten, um dem Publikum den Glauben an das nunmehrige dauerhafte Glück des endlich vereinten Paars zu lassen, und deckt gerade das Illusorische dieses Glaubens an ein beständiges, verlässliches Lebensglück auf.

Damit würde die Gattungsgeschichte des Romans um ein weiteres Entwicklungsstadium bereichert, eine adäquate Würdigung der zu Unrecht auf die Kategorie des Unterhaltsam-Schaurigen verkürzten Episode erreicht, aber nicht erklärt, weshalb Apuleius so hartnäckig Charites Liebhaber immer kurz vor dem Erreichen ihres Ziels geprellt werden lässt: Tlepolemus verliert sie kurz vor der Hochzeit an die Räuber, kurz vor dem Beginn eines langen Eheglücks an seinen Nebenbuhler, dieser sie kurz vor dem Erreichen seines Ziels an den Totengeist. Diese dreifache Wiederholung spiegelt eine menschliche Grunderfahrung, die erst die existenzialistische Philosophie bewusst formulierte: Das Objekt unseres Begehrens, die paradiesische Fülle wird uns nie voll zuteil, entzieht sich vielmehr stets und gerade in dem Augenblick, in dem man sich seiner zu bemächtigen glaubt. Wieder zeigt sich, dass sich unter einer typisch antiken Szenerie eine konstante, noch heute gültige Struktur verbirgt, die demnach mehr sein muss als eine Ahnung des Apuleius oder ein vorübergehender Einfall moderner Philosophen. Man kann das Thema gewiss auch in anderer, jüngerer Literatur vorfinden, dass es aber *auch* schon in antiken Texten begegnen kann, lässt die Beschäftigung mit ihnen ebenso berechtigt erscheinen.

3. Der Umgang mit den beiden antiken Sprachen konfrontiert Schüler und Studenten mit dem ungewohnten Phänomen postdeterminierter, d. h. die Funktion der Wörter im Satz durch *Endungen* anzeigender Sprache, während die modernen europäischen

Sprachen (mit Ausnahme der slawischen) prädeterminiert sind, d. h. schon vorab das Gemeinte signalisieren: *Wir* lesen, *we* read, aber lat. leg-*imus*, griech. ἀναγιγνώσκ-ομεν. Im Lateinischen und Griechischen kann deshalb auch die Stellung und Reihenfolge der Wörter innerhalb eines Satzes viel freier sein: Der Satz «mater amat filiam» könnte ebenso gut umgekehrt «filiam amat mater» lauten, das deutsche Pendant «die Mutter liebt die Tochter» ließe bei Umkehrung nicht mehr erkennen, wer wen liebt. Der Umgang mit antiken Texten zwingt daher zu einer aufmerksameren, analytischen Lektüre und zum Kombinieren der verstreuten Einzelteile eines Satzes. Dieser so genannte formale Bildungswert galt bis in die Mitte des 20. Jahrhunderts als didaktischer Vorzug des antiken Sprachunterrichts vor dem auf raschere Erfassung und unmittelbare Kommunikation ausgerichteten in modernen Fremdsprachen und als wertvolle Ergänzung des sonstigen Schulunterrichts in Sprachen, wurde dann als formalistisch und inhaltsleer verpönt und kehrt nun unter dem Etikett der Sekundärtugenden (Konzentration, analytisches Denken, Kombinatorik) wieder in die schuldidaktische Diskussion zurück. Dieser mittelbare Nutzen des Erlernens einer antiken Sprache ist durch kein anderes Schulfach zu ersetzen.

I. Das Fach Klassische Philologie

Bis ins 19. Jahrhundert galt die griechisch-römische Antike als unteilbares Forschungsgebiet, inzwischen führte die zunehmende Spezialisierung und die ins Unübersehbare angewachsene Fülle des Stoffs und Wissens zur Trennung in drei separate Altertumswissenschaften, die unabhängig voneinander studiert werden können: die Alte Geschichte, die die politische, wirtschaftliche und gesellschaftliche Geschichte der Griechen und Römer, darüber hinaus auch der sonstigen, meist schriftlos gebliebenen Völker der Antike (Gallier, Iberer, Numider, Daker, Thraker, Illyrer, Karthager usw.) erforscht, die Klassische Archäologie, die sich der bildenden Kunst der Griechen und Römer widmet, die Klassische Philologie, deren Aufgabe die Interpretation der griechischen und lateinischen Literatur, soweit sie noch erhalten ist, bildet. Ihr Interesse ist nicht eng auf die «schöne» Literatur beschränkt, sondern umfasst auch die (philosophische, fachwissenschaftliche, historiographische) Fachliteratur der Griechen und Römer, die solche Bücher ebenfalls in schönem, literarischem Stil abzufassen pflegten; die Bearbeitung der zahlreichen griechischen und lateinischen Inschriften ist jedoch, da es sich fast ausschließlich um nichtliterarische Texte (Urkunden, Gesetzestexte, amtliche Bekanntmachungen u. dgl.) handelt, der Alten Geschichte zugewiesen, die hierfür die Spezialdisziplin der Epigraphik (s. Kap. III) entwickelt hat.

Bevor einem ein antiker Text in Schule oder Studium vorgelegt wird, ist dieser bereits von verschiedenen Teildisziplinen der Klassischen Philologie bearbeitet worden. Ist er auf Papyrus, d. h. dem Überrest eines antiken Buchs, erhalten, hat ihn die *Papyrologie* wieder lesbar gemacht, ist er in mittelalterlichen Handschriften überliefert, was der Normalfall ist, sind durch *Kodikologie* (Handschriftenkunde) und *Paläographie* (Lehre von den alten Schriftformen) die nötigen Vorarbeiten geleistet (s. Kap. III). Man kann im Studium von den Resultaten dieser Vorarbeit ausgehen; wer sich auch für deren Zustandekommen interessiert, kann, soweit im

Lehrangebot vorhanden, die eine oder andere Lehrveranstaltung aus diesen Spezialgebieten besuchen. Da Papyri und Handschriften nicht wie ein moderner Druckstock identische Texte liefern, sondern immer wieder Abschreibfehler zulassen und so voneinander abweichen, mussten die Ergebnisse von Papyrologie oder Paläographie erst das Filter der *Textkritik* (s. Kap. IV) durchlaufen, die aus den variierenden Lesarten der Überlieferungsträger die eine richtige, d. h. authentische Textfassung des antiken Originals wieder herauszufinden sucht; erst sie liefert einen verlässlichen, als Interpretations- und Diskussionsgrundlage brauchbaren Wortlaut. Auch diese textkritische Arbeit, der trockenste Teil der Klassischen Philologie, ist dem Studierenden durch die fertig vorliegenden Textausgaben bereits abgenommen; er wird jedoch in Lehrveranstaltungen immer wieder mit problematischen Textstellen, an denen weiterhin umstritten ist, ob nun die eine oder die andere Handschrift den authentischen Wortlaut des Verfassers präsentiert, in Berührung kommen, sollte sich also mit dem hierfür erforderlichen Basiswissen vertraut machen.

Wie alle Sprachen haben sich auch Griechisch und Latein im Lauf der Jahrhunderte immer wieder in den Wortendungen und Wortbedeutungen, im Wortschatz und in den Grammatikregeln verändert und unterschiedliche Sprachformen aufeinander folgen lassen (vgl. die Reihe Alt-, Mittel-, Neuhochdeutsch). Da der Schulunterricht nur jeweils eine dieser Spielarten (das attische Griechisch bzw. das klassische Latein) vermittelt, können im Studium zusätzliche Kenntnisse in *Sprachgeschichte* und *historischer Grammatik* (s. Kap. V) erforderlich werden, falls Texte aus anderen Sprachepochen zu besprechen sind. Da in der Antike jeder zur Veröffentlichung bestimmte Text sprachlich und stilistisch perfekt ausgefeilt sein musste (diese Politur war eines der Hauptmerkmale von Literarizität), nimmt die Untersuchung von Form und Stil in der Interpretation kaum weniger Raum ein als die von Inhalt und Sinn (s. Kap. II 4); die entsprechenden Kenntnisse werden in den Lehrveranstaltungen, vor allem in Seminaren und Lektüreübungen, vermittelt und eingeübt. Wer sich außerdem für die Frage, woraus die griechischen und lateinischen Endungen und Wortformen überhaupt entstanden sind, interessiert, kann seine Neugier durch entsprechende Lehrveranstaltungen des Fachs *Indogermanistik* befriedigen. Die in den Neueren Philologien gegotene Möglichkeit, das Studium eher sprach- oder eher literaturwissenschaftlich auszurichten und auch dem Examen einen der beiden Schwerpunkte zu geben, gibt es in der Klassischen Philologie nicht.

Die Würdigung und Interpretation eines *antiken* Textes geschieht nach fachspezifischen Kriterien und Methoden, die vielfach von den Modellen, die man aus dem Umgang mit modernen Texten kennt, abweichen. Das folgende Kapitel soll daher diese unbekannteren Fragestellungen übergreifend vorstellen und an einzelnen Textbeispielen konkretisieren; mit Rücksicht auf die Vorkenntnisse der Leser werden die Beispiele überwiegend aus der lateinischen Literatur ausgewählt. Sie geben einen Vorgeschmack auf das, was in Seminaren und Übungen behandelt wird.

Nicht selten überschneidet sich eine philologische Interpretation mit anderen Fachgebieten: Für manche Texte ist die Kenntnis des historischen oder sozialgeschichtlichen Hintergrunds von Belang (Alte Geschichte), literarische Kunstprinzipien können ihre Parallele in verwandten Strömungen der bildenden Kunst finden (Archäologie), Anspielungen auf die griechische oder römische Religion verweisen auf die Religionsgeschichte, philosophische oder Kirchenvätertexte (auch die Kirchenväter sind lateinische oder griechische Schriftsteller, deren Werke philologisch untersucht werden können) erfordern Interpretationshilfe aus der Philosophiegeschichte oder Theologie. Natürlich kann man diese Fächer nicht auch noch belegen; die philologischen Lehrveranstaltungen, Kommentare, Fachbücher verhelfen in der Regel zum nötigen Kenntnisstand.

Wer ein Studium der Klassischen Philologie wählt, tut dies meist in der Absicht, Gymnasiallehrer zu werden. Er sollte aber bedenken, dass ein Universitätsstudium nicht eine zielgerichtete Berufsausbildung darstellt, sondern ein Wissensgebiet in seiner gesamten Breite, auch in den für den angestrebten Beruf irrelevanten Teilen, vorführt und vom Studierenden bearbeiten lässt. Manches von dem in den folgenden Kapiteln entwickelten Profil der Klassischen Philologie verlangt daher vom Studierenden nicht ein berufliches, zweckhaftes, sondern ein wissenschaftliches Interesse am Gegenstand um seiner selbst willen.

II. Literatur

1. Vorbemerkung

Die griechische Literatur setzt nach anonymen mündlichen Vorstufen im 8. Jh. n. Chr. mit den homerischen Epen (erhalten hiervon sind nur *Ilias* und *Odyssee*) ein, denen rasch weitere Gattungen wie Lehrgedicht (Hesiod), Lyrik (Sappho, Alkaios), Chorlyrik (Alkman, Stesichoros), Jambus (Archilochos, Hipponax), bald die erste philosophische Prosa (Pherekydes, Thales, Heraklit) und die Anfänge des Dramas (Thespis) folgten. Mit alledem betraten die Griechen Neuland, erfanden, erprobten und entwickelten sie ohne fremde Vorbilder eigene Ausdrucksformen. Die römische Literatur beginnt 240 v. Chr. mit der ersten Aufführung eines von Livius Andronicus, einem Tarentiner Griechen, der als Kriegsgefangener nach Rom verschleppt worden war, aus dem Griechischen ins Lateinische übertragenen Theaterstücks in Rom. Dort dürfte es vorher ebenfalls schon mündliche Ansätze zu Literarischem – spärliche Quellen belegen Heldenlieder, Stegreifpossen mit Gesang lassen sich plausibel erschließen – gegeben haben, doch wurden diese zugunsten einer den griechischen Mustern und Vorbildern nachstrebenden Literatur wieder aufgegeben und nachträglich sogar von den Römern selbst als plump-bäurische Kulturlosigkeiten verunglimpft, wie dies exemplarisch die berühmten Horazverse *epist.* 2,1,156 ff. tun:

> *Graecia capta ferum victorem cepit et artes*
> *intulit agresti Latio. Sic horridus ille*
> *defluxit numerus Saturnius et grave virus*
> *munditiae pepulere, sed in longum tamen aevum*
> *manserunt hodieque manent vestigia ruris.*
> *Serus enim Graecis admovit acumina chartis …*

Die lateinische Literatur kennt daher fast nur dieselben Gattungen wie die griechische (nur die Satire war nach Ansicht der Römer, die Liebeselegie nach Meinung der Philologen ohne direktes grie-

17

chisches Vorbild), orientiert sich im Inhalt (vor allem mit der Übernahme der griechischen Mythologie und Heldensage, Philosophie und Wissenschaft), im Stil (Unterwerfung unter die griechische Rhetorik) und in der Metrik (Ersetzung des genuinen Saturnierverses durch die verschiedenen griechischen Versformen) weitgehend an griechischen, fremden Vorgaben. Sie erscheint daher – zumindest auf den ersten Blick – weniger eigenständig oder kreativ, konnte dafür aber die langwierigen Experimentier- und Entwicklungsstadien der griechischen Gattungen überspringen und gleich auf dem von den Griechen schließlich errungenen Höchstniveau einsetzen: Während z. B. die Griechen von Aristophanes (ca. 427–388 v. Chr.) bis Menander (341–293 v. Chr.) brauchten, um die Komödie aus einer losen, von Chorgesängen durchbrochenen und nur durch die eine Hauptfigur zusammengehaltenen Szenenfolge in ein einheitliches Drama mit geschlossener Handlung zu überführen, fängt die lateinische Komödie auf dem von Menander erreichten Niveau an.

Das breite, verschiedene Epochen (Archaik, Klassik, Hellenismus) umfassende Angebot «fertiger» Literaturformen und Muster erlaubte der römischen Literatur in kurzer Zeit eine beträchtliche Spannweite der eigenen Produktion: Nicht lange nach 240 v. Chr. gab es homerische Heldenepen (Andronicus' *Odusia*) neben hellenistischen Epen über Ereignisse der jüngeren Geschichte (Naevius' *Bellum Poenicum*; Ennius' *Annales*), klassische Tragödien (Ennius, Pacuvius, Accius) neben hellenistischen Komödien (Plautus, Caecilius, Terenz). Auch später ermöglicht das griechische Angebot der römischen Literatur, Ungleichzeitiges während derselben Epoche zu produzieren: Vergil lehnt sich für seine *Bucolica* an die hellenistischen Hirtengedichte Theokrits, für die *Aeneis* an die archaischen Epen Homers an, Cicero schöpft den Inhalt seiner philosophischen Schriften aus hellenistischen Traktaten der stoischen und epikureischen Schule, ihre elegante Dialogform aus dem klassischen platonischen Dialog, Lukrez arbeitet in den Jahren an einem «altmodischen» Lehrgedicht, in denen Catull die «neumodische» Kleindichtung des Hellenismus zum Programm erhebt.

2. Echtes und Unechtes

Da Antike und Mittelalter keinen Urheberrechtsschutz kannten, wurde mit Verfasser- und Titelangaben (teils ungewollt, teils aus Fälschungsabsicht) so leger umgegangen, dass nun bei nicht wenigen der erhaltenen Werke der Verfassername schwankt oder verloren oder nachträglich durch einen unrichtigen ersetzt ist. Gerade berühmten Verfassern ist oft ein Œuvre zugeschrieben, das neben sicher authentischen Werken auch irrtümlich attribuierte (sog. Pseudepigrapha) oder absichtliche Fälschungen umfasst bzw. zumindest diesen Verdacht hervorruft. Gefälschte Verfassernamen sollten die Autorität und die Verkaufszahlen eines Werks erhöhen; Texte, die unbeabsichtigt anonym wurden, schrieb man später aufgrund recht oberflächlicher Berührungen in Thematik oder Lebenslauf einem neuen Autor zu: Im Corpus Platonicum finden sich über zwölf unechte philosophische Dialoge (Platon war der Schöpfer dieser Literaturgattung), dem Verfasser des umfassendsten Rhetoriklehrbuchs der Römer, Quintilian, wird eine Serie von 18 blumigen Deklamationsreden (sein Rhetorikunterricht bekämpfte in Wirklichkeit das Deklamieren) angehängt, den drei authentischen Rhetorikdarstellungen Ciceros eine unechte vierte *(Rhetorica ad Herennium)*, den Liebeselegien Tibulls zwei von mehreren Dichtern stammende Bücher mit weiteren Gedichten dieses Genres, dem an die Küste des Schwarzen Meers verbannten Dichter Ovid ein Lehrgedicht über die Fische ebendieses Gewässers *(Halieutica)*, Caesars Parteigänger und Vertrautem Sallust zwei Memoranden an den Herrscher über die nun zu ergreifenden politisch-ökonomischen Reformmaßnahmen, dem Dichter Vergil ein Konglomerat kleinerer, ihrer Zweitrangigkeit wegen z. T. als Jugendversuche des großen Meisters angesehener Gedichte (sog. *Appendix Vergiliana*) usf.

Die Klassische Philologie hat infolgedessen die Echtheit aller überlieferten Werke zu prüfen, um bei der Würdigung eines Autors nicht von Unechtem abgelenkt zu werden. Zwar gibt es immer noch strittige Fälle, doch oft verraten Anspielungen auf datierbare Ereignisse oder Zitate aus fremden Texten, die sich chronologisch nicht zur angeblichen Abfassungszeit fügen, die Nichtauthentizität eines Werks, weshalb Philologen penibel auf solche «Kleinigkeiten» zu achten pflegen. Der «platonische» Dialog *Axiochos*, geschätzt noch in der Renaissance als Meditation über das Sterben, wehrt z. B. aufkeimende Todesfurcht mit dem platonischen Argument der Unsterblichkeit der Seele, aber eben auch mit dem erst von Epikur (342–270 v. Chr.) aufgebrachten Fangschluss ab, der Tod könne die Lebenden noch nicht, die Toten schon nicht mehr betreffen, und enthüllt damit trotz enger Anlehnung an die Sprache, Dialogkunst, Argumentationsweise Platons (428–349 v. Chr.) seine spätere Entstehung. Das «vergilische» Epyllion *Ciris* hat zahlreiche Verse mit den drei unbestritten echten Gedichten Vergils gemein, verwendet sie jedoch so ungeschickt oder sinnwidrig, dass sein Verfasser nicht Vergil selbst, sondern nur ein vergilbegeisterter Anonymus, wenn nicht gar ein Fälscher sein kann. Wenn z. B. der echte Vergil (*ecl.* 8,1–5) in Erinnerung an Orpheus dem Gesang seiner poetischen Hirten die Wunderkraft zuschreibt, Tiere in seinen Bann zu schlagen und sogar Flüsse zum lauschenden Stillstehen zu bewegen:

> *Pastorum musam Damonis et Alphesiboei,*
> *immemor herbarum quos est mirata iuvenca*
> *certantes, quorum stupefactae carmine lynces,*
> *et mutata suos requierunt flumina cursus …,*

der Cirisdichter dagegen (v. 233) beim Beschreiben der gewöhnlichen Nachtruhe die Flüsse regelmäßig von ihrem Lauf ausruhen lässt und dafür die vergilische Formulierung wiederholt:

> *tempore, quo fessas mortalia pectora curas,*
> *quo rapidos etiam requiescunt flumina cursus,*

so entlarvt ihn die Absurdität seines Verses als gedankenlosen Nachahmer eines bereits vorliegenden kühnen Vergilverses.

In anderen Fällen kann ein Vergleich sprachlicher, stilistischer, metrischer Einzelheiten die Unrichtigkeit einer Verfasserangabe wieder aufdecken, einer der Gründe, weshalb es in der Klassischen Philologie zu fast jedem Autor spezielle Wörterbücher, Grammatikdarstellungen oder Statistiken zur Verskunst gibt. Der «platonische» Dialog *Eryxias*, eine Diskussion über Fragen der Nationalökonomie, die eben wegen dieser unphilosophischen Thematik Platons Urheberschaft zweifelhaft erscheinen lässt, stimmt zwar überwiegend mit Platons Sprache überein, verwendet aber auch die Präposition ὡς + Akk., die zwar gut attisch ist, vom echten Platon aber trotzdem nie verwendet wurde, und mischt sprachliche Eigenwilligkeiten des jungen Platon mit solchen des alten: An solchen unauffälligen Kleinigkeiten verrät sich dann doch ein mit Platon nicht identischer Verfasser. Im *Corpus Caesarianum* finden sich neben Caesars eigenen Berichten *(Bellum Gallicum, Bellum Civile)* und deren Ergänzung (*Gall.* 7) durch Hirtius drei kürzere Abrisse (die sog. *Bella Minora*) zur Vervollständigung des *Bellum Civile*, von denen zwei – *Bellum Africum* und *Bellum Hispaniense* – so markant von Caesars Wortschatz und Sprachregeln abweichen, dass sie weder von ihm verfasst sein noch auch nur sein etwaiges Rohkonzept darstellen können, sondern offenbar Rapporte von Kriegsteilnehmern sind, die man später kurzerhand Caesar selbst zuschlug. Der Verfasser des *Bellum Africum* liebt u. a. Wörter auf *-bundus*, die der Klassiker Caesar als altlateinisch vermied, und Zusammensetzungen wie *convulnerare, depugnare* (statt caesarischem *vulnerare, pugnare*); der Autor des *Bellum Hispaniense* lässt nach *nuntiare* einen *quod*-Satz statt des klassischen AcI zu (36,1 *renuntiaverunt, quod Pompeium in potestate haberent*), nach *plenus* den Ablativ anstelle des klassisch-caesarischen Genitivs, ist also mit Caesars genuiner Grammatik und Stilistik nicht vertraut. Im *Corpus Tibullianum* begegnet ein Elegienzyklus, dessen Dichter sich den Decknamen *Lygdamus* gibt: Seine Wortwahl (er verwendet die von Tibull strikt gemiedenen «unpoetischen» Wörter *autem, etenim*) und Metrik zeigen, dass sich unter dem Pseudonym keinesfalls Tibull verbirgt. Das im selben Corpus enthaltene Preisgedicht auf den Amtsantritt des Konsuls M. Valerius Messalla Corvinus *(Panegyricus Messallae)* skizziert zwar die Lebensumstände seines Verfassers ähnlich denen Tibulls (beide sind Vertraute Messallas, beide waren früher begütert und haben nun den größeren Teil ihres Vermögens eingebüßt; Vers 188 lässt durchblicken, dass der Dichter eine Besserung seiner Verhältnisse durch Messalla erhofft), verrät sich aber durch seinen andersartigen Satzbau: Während Tibull seine Sätze so abzirkelt, dass sie jeweils zwei Verse, d. h. ein elegisches Distichon, ausfüllen, enthält das Preisgedicht verschachtelte Satzungetüme von sechs, acht, zwölf oder 16 Zeilen Länge, wie man sie weder bei Tibull noch sonstigen Dichtern der klassischen Epoche antrifft. Die Folgerung, dass hier ein Fälscher Tibull vorzutäuschen versucht, befreit den Dichter von der Peinlichkeit, den hoch gestellten Freund unüberhörbar um materielle Unterstützung gebeten und deshalb mit diesem schmeichlerischen Lobgedicht beehrt zu haben.

Umgekehrt können solche Beobachtungen aber auch die Authentizität von Texten unterstützen, die man auf den ersten Blick einem Autor eher absprechen würde. So fällt der unter Tacitus' Namen überlieferte *Dialogus de oratoribus*, eine Diskussion über die aktuelle Situation der Beredsamkeit in Rom, wegen seiner literarischen statt politischen Fragestellung und seiner an Cicero statt an Tacitus' Geschichtswerken orientierten Sprache aus dem Rahmen dessen, was man oberflächlich als taciteisch bezeichnen würde. Zwar deckt sich das Fazit des Dialogs, dass Beredsamkeit nur in einer Republik gedeihen könne, diese aber wegen ihrer latenten Neigung zum Kampf aller gegen alle politisch noch weniger wünschenswert sei als die dem freien Wort abträgliche Alleinherrschaft, mit Ideen des Historikers Tacitus, doch könnte ja auch ein anderer Autor solche Ansichten entwickelt bzw. aus Tacitus übernommen haben. Erst die Übereinstimmung des ciceronisierenden *Dialogus* mit sprachlichen Eigenwilligkeiten des Historikers, die so unauffällig sind, dass ein Nachahmer oder Fälscher sie kaum bemerkt haben könnte, lässt die Studie eben doch Tacitus zuschreiben, der demzufolge ein breiteres Spektrum als das eines auf die Kritik am römischen Kaisertum fixierten Geschichtsschreibers aufweist: Unscheinbare Vokabeln wie *clientulus, histrionalis, incitamentum, proeliator* begegnen im Lateinischen sonst nur noch in Tacitus' *Annalen* und *Historien*, die semantische Erweiterung von *obviam ire* («entgegengehen») zu «helfen» gibt es einzig bei Tacitus (*dial.* 41,8; *hist.* 4,46; *ann.* 13,5). Ähnlich ist der Fall der philosophischen Traktate *(De deo Socratis; De Platone et eius dogmate)* des Romanciers Apuleius, dem man neben der phantastischen Fabulierlust und überrhetorisierten Stilistik des *Goldenen Esels* nur zögerlich die Abfassung systematischer, sachlicher Darstellungen der (mittel-)platonischen Philosophie in trockenem, glanzlosem Stil zutrauen möchte. Aber auch hier fördert der sprachliche Detailvergleich die Überzeugung, dass trotz inhaltlicher und formaler Diskrepanz die beiden Werke vom selben Verfasser herrühren, dessen Roman angesichts dieser philosophischen Interessen seines Autors dann doch wohl mehr bezweckt als Unterhaltung.

Als weitere Folge des fehlenden Urheberrechts gelten die häufig in antiken Texten begegnenden Interpolationen, nachträgliche Texteinschübe, die nach dem Willen späterer Herausgeber oder Redakteure den Originalwortlaut ergänzen, erhellen, verbessern sollten, aber oft sprachlich, stilistisch, tendenziell, inhaltlich den authentischen Text oder Gedankengang stören. So wird z. B. in Caesars *Bellum Gallicum* die authentische Beschreibung *de Galliae Germaniaeque moribus et quo differant hae nationes inter se* (6,11–25), die die Gallier eher als zivilisiert, die Germanen exotisierend als Jäger und Krieger ohne sonstige Kultur erscheinen lässt (Caesar will damit seinen Lesern plausibel machen, weshalb er Gallien eroberte, Germanien aber nach zwei Feldzügen wieder aufgab), mit drei noch exotischeren Kapiteln über fabulöse *Tiere* Germaniens – das Einhorn, die ohne Kniegelenke geborenen und deshalb im Stehen schlafenden Elche, die unzähmbaren Auerochsen (6,26–28) – beschlossen, was weder zur Absicht, die *mores* beider *nationes* darzustellen, passt, noch zu Caesars aufgeklärter Rationalität stimmen will: Die drei Wunderberichte gelten daher bei der Mehrzahl der Philologen als fremde Einschübe. Nicht selten ist allerdings der Interpolationsverdacht umstritten, da sich solche Dissonanzen im Text ja auch produktionsästhetisch aus einer bestimmten Absicht oder aus ungewollter Ungeschicklichkeit des Autors, genetisch aus dem unfertigen Zustand eines Werks, dessen Rohfassung der Autor nicht mehr durchforsten und vereinheitlichen konnte, oder rezeptionsästhetisch als Effekt mangelnden Verständnisses seitens der Interpreten und Leser erklären lassen.

3. Gattungszwang

Während neuzeitliche Autoren die für eine Literaturgattung typischen, traditionellen Elemente eher abwandelnd, verfremdend, entillusionierend, aufbrechend in Frage stellen, um der Freude am Experiment oder dem Wunsch nach Originalität nachzugeben und um die Leser aus unreflektierten Erwartungshaltungen, Lese- und Denkgewohnheiten aufzustören, fühlen sich antike Autoren der Gattung und ihren spezifischen Merkmalen weit mehr unterworfen – bezeichnenderweise erblickt Aristoteles in Gattungen feste, definierbare Strukturen, nicht, wie die moderne Gattungspoetik postuliert, einen in ständigem Fluss und Wandel sich unter allen Neuerungen durchhaltenden Nukleus. Der antike Konservativismus war zwar nie so rigide, dass er literarische Experimente und Innovationen auszuschließen vermocht hätte, die Mehrzahl der griechisch-römischen Literaturwerke folgt aber doch den jeweiligen formalen, inhaltlichen, gestalterischen Vorgaben der gewählten Gattung recht getreulich, lässt das Besondere, Neuartige des Einzelwerks nicht direkt ins Auge springen, sondern sich eher unter der gleichförmigen Hülle der Gattungstypik bergen – einer der Gründe, weshalb das Lesen antiker Texte so viel langsamer und bedachtsamer vonstatten geht, wie Studierenden mit neuphilologischem Zweitfach immer wieder auffällt. Solchen Gattungszwängen nachzuspüren, zwischen ihrer Auswirkung und dem Individuellen eines Einzelwerks zu differenzieren, gehört zu den Grundanforderungen der Lektüre antiker Literatur.

Für die meisten antiken Gedichtsorten ist deshalb über Jahrhunderte hinweg das Versmaß nicht frei wählbar, sondern von vornherein vorgeschrieben: Epen und Lehrgedichte hat man in Hexametern, Elegien und Epigramme in Distichen, dramatische Texte in Jamben (mit gelegentlichen trochäischen Einlagen), Lyrik in Sapphos und Alkaios' äolischen Versformen, kabarettistische Spottgedichte in Jamben abzufassen. Ebenso beruht die Stoffwahl nicht auf neuen, ungewöhnlichen, überraschenden Einfällen des um seine Profilierung bemühten Autors, sondern auf den für die jeweilige Gattung kanonischen Mustern: Tragödien spielen prinzipiell in den «höheren» Kreisen der Heroen und Könige (z. B. Herakles, Ajax, Philoktet, Orest, Medea, Phädra), Komödien umgekehrt tunlichst im «bürgerlichen» Milieu und dort seit Menander im Generationenkonflikt zwischen bürgerlich-biederen Alten und nicht mehr so braven Jungen (individuell, von Komödie zu Komödie verschieden ist nur, woran sich der Konflikt entzündet, wie und mit welchen komischen Effekten er durchgespielt wird, wodurch er sich am Schluss auflöst). Beschwingte, unbeschwerte Liebe schlägt sich in Epigrammen und lyrischen Gedichten nieder, ein von Frustration und Gefühlskälte überschattetes Liebesverhältnis tritt dagegen in Elegien zutage, und zwar stets so, dass die Frau als hohe, unromantische *domina* sich alles, auch alles gegen die Liebe Verstoßende erlauben darf, der Mann als romantisch-höriger *servus amoris* sich alles gefallen lassen muss. Geschichtsschreiber reduzieren das Historische weitestgehend auf «Ereignisgeschichte», d. h. bewegte, dramatische *action* (Kriegshandlungen, Heldentaten, Debatten, Volksaufläufe etc.), lassen jedoch das Analysieren einer Lage, das Porträtieren einer Persönlichkeit, das Ausleuchten sozialer, parteipolitischer, wirtschaftlicher Hintergründe als zu statisch-unbewegt lieber beiseite. Ein antiker Liebesroman bringt das Paar nie erst *nach* langen, mühsam überwundenen Spannungen und Konflikten, die aus der unterschiedlichen Standes- oder Volkszugehörigkeit, Weltanschauung oder Kultur der Protagonisten entstanden, im *happy end* des Buchschlusses doch noch zusammen, sondern setzt grundsätzlich mit dem problemlosen Sich-Finden des auf den ersten Blick restlos verliebten Paars ein, das sich infolgedessen nicht durch seine internen Probleme hindurch, sondern über eine Serie *räumlicher* Trennungen (für die selten Reisen oder Berufspflichten, meistens die Verschleppung durch Räuber, Piraten, Sklavenhändler, Soldaten sorgen) hinweg der *Wieder*-Vereinigung entgegenarbeiten muss.

Gattungsgesetze prägen durch die ganze Antike hindurch die literarische Produktion und behalten ihre Gültigkeit auch in Jahrhunderten, die die Voraussetzungen, aus denen die typischen Merkmale und Konstituenzien der einzelnen Gattungen ursprünglich erwuchsen, längst hinter sich gelassen hatten. Das lässt sich besonders anschaulich an der ältesten Literaturgattung der Antike, dem Epos, zeigen, das im 8./9. Jh. v. Chr. den damaligen Stand der geistigen Entwicklung, die damaligen Denk- und Schreibweisen wiedergab, die nun auch in späteren, fortgeschritteneren Epochen zu befolgen waren und so dem Epos insgesamt einen (nunmehr künstlich-absichtlich) altertümelnden Anstrich aufnötigten. Die ersten griechischen Epiker, die später unter der Chiffre «Homer» zusammengefasst wurden, sehen den Menschen noch nicht von eigenem Entschluss und Willen bestimmt, sondern vom ständigen, oft persönlichen Eingreifen der Götter (die hierzu nach dem festen Glauben jener frühen Epoche in Menschengestalt auf die Erde herabstiegen, um nach dem Rechten zu sehen) gesteuert und motiviert: Bei einem kühnen nächtlichen Überfall auf die feindlichen Thraker drängt z. B. (modern gesprochen) die Zeit, (homerisch gesprochen) die plötzlich anwesende Göttin Athene die Helden Odysseus und Diomedes zum schleunigen Rückzug (*Il.* 10,498 ff.):

> Schnell entschirrte Odysseus indessen die stampfenden Rosse,
> band sie mit Riemen zusammen und trieb sie fort aus dem Haufen,
> schlug auf sie ein mit dem Bogen, dieweil er die schimmernde Geißel
> dort aus dem prächtigen Wagen vergessen hatte zu nehmen.
> Pfeifend gab er darauf Diomedes, dem Helden, ein Zeichen.
> Dieser blieb noch und sann, was wohl am verwegensten wäre:
> Ob er den Wagen mitsamt den glänzenden Waffen am Zugholz
> fortziehn sollte oder empor ihn heben und tragen,
> oder ob er noch anderen Thrakern das Leben entrisse.
> Während er dieses im Herzen bedachte, da nahte Athene,
> stellte sich dicht vor den Helden und sprach ihn an mit den Worten:
> «Denke der Heimkehr jetzt, du Sohn des erhabenen Tydeus!
> Fort zu den räumigen Schiffen, auf daß du nicht gingest als Flüchtling,
> wenn vielleicht ein anderer Gott die Troer noch weckte!»
> Also sprach sie, und wohl vernahm er die Stimme der Göttin.
> Eilends bestieg er die Renner, Odysseus schlug mit dem Bogen,
> und sie flogen dahin zu den schnellen Schiffen Achaias.

(H. Rupé)

Achthundert Jahre später stellt Vergil (*Aeneis* 4,260 ff.), der in seiner Jugend Philosophie studiert hatte und dies nach Abschluss der *Aeneis* wieder aufzunehmen gedachte, trotz aller Aufklärung die (modern gesprochen) Gewissensbisse des Aeneas, der vom Schicksal ausersehen war, die letzten Trojaner nach Hesperien (= Italien) zu retten, mit den dortigen Latinern zu vereinigen und dadurch den Grundstein für das zu legen, was einmal Rom heißen sollte, der diese Mission aber über der Liebesgunst der schönen Königin Karthagos vergessen hatte, traditionsgemäß mit dem homerischen Götterapparat dar, den die Philosophie mit der Entdeckung der autonomen Persönlichkeit längst überwunden hatte. Während Aeneas in Didos Namen den Ausbau der Stadt Karthago leitet, erinnert er sich (modern gesehen) plötzlich und erschreckt, erinnert ihn (homerisch ausgedrückt) plötzlich und unsanft der Götterbote Merkur an das, was er eigentlich in Hesperien hätte aufbauen sollen:

Eben berührte der Gott geflügelten Fußes die Vorstadt,
als er Aeneas beim Bau der Burgen und neuen Gebäude
dort erblickte; der trug ein Schwert, von gelblichem Jaspis
blitzend bestirnt, es glühte von tyrischem Purpur der Mantel,
der von der Schulter ihm hing, dies Prachtstück hatte die reiche
Dido gemacht, mit Goldfäden fein durchwirkt das Gewebe.
Gleich nun fuhr er ihn an: «Du legst jetzt des hohen Karthago
Fundament und baust, du Knecht eines Weibes, die schöne
Stadt, vergaßest des Reichs und der eigenen Herrschaft.
Siehe, vom lichten Olymp entsendet zu dir mich der Herrscher
selbst der Götter, der Himmel und Erde waltend beweget,
er läßt diesen Befehl durch eilende Lüfte dir bringen:
‹Was bezweckst und erhoffst du müßig in Libyens Landen?
Wenn dich gar nicht rührt der Glanz so herrlicher Dinge,
denk an Ascanius doch, den wachsenden, denk an des Erben
Iulus Hoffnung: Italiens Reich und römisches Land wird
ihm doch geschuldet!›» Als der Kyllenier mahnend gesprochen,
ließ er, mitten im Wort, zurück der Sterblichen Blicke,
fern in die flüchtige Luft entschwand er völlig den Augen.
Aber Aeneas indes stand stumm, beim Anblick von Sinnen.
Steil vor Entsetzen sträubt sich das Haar, im Schlund würgt die Stimme,

gleich entbrennt er, zu fliehn, die trauten Lande zu lassen,
niedergedonnert von solchem Befehl und Mahnruf der Götter.

(J. Götte)

Wieder 500 Jahre später will der letzte griechische Epiker, Nonnos von Panopolis, im 11. Buch seiner *Dionysiaka* die tragische Geschichte von Ampelos, dem *menschlichen* Spielgefährten des jungen *Gottes* Dionysos, erzählen: Die intime Nähe zur Gottheit macht Ampelos überheblich, der bei all ihrem gemeinsamen Tun spürbare Abstand zwischen mächtigem Gott und schwachem Menschen ihn neidisch. So macht sich Ampelos allein auf die Suche nach gleichrangigen Abenteuern und Großtaten und wird schließlich zum Opfer der Göttin Ate, die Ampelos' Begehren ins Verderben lenkt. Obwohl seit den Tagen der griechischen Tragödie solche Überhebung des Menschen als *selbst*-verschuldet gilt und den Göttern nur mehr die Aufgabe, solche Hybris zu strafen, zufällt, kleidet Nonnos den psychischen Komplex des jungen Ampelos gattungsgemäß in dessen Verführung durch die Göttin, die ihm «seine» Machtphantasien erst einflüstert (*Dion.* 11,113 ff.).

Ate indessen, die Göttin des Unheils, erspähte den allzu
mutigen Jungen, der ohne Lyaios im Bergwalde jagte.
Listig verwandelt in einen hübschen Altersgenossen,
richtete sie an ihn betrügerisch schmeichelnd die Worte
(Hera nur tat sie, der phrygischen Stiefmutter, dies zu Gefallen):
«Furchtloser Junge, dein Freund Dionysos heißt so zu Unrecht,
was für ein Ehrengeschenk gewannst du infolge der Freundschaft?
Fährst nicht den göttlichen Wagen des Bromios, lenkst nicht die

Panther!

Maron erhielt das Fahrzeug deines Dionysos, seine
Hände bedienen die lenkende Geißel ...
Folge mir dorthin zur Herde! Dort gibt es hellflötende Hirten,
Rinder auch, lieblich und sanft. Dort setz dich auf einen der Stiere,
ausbilden will ich dich dann zum erfahrenen Lenker von Rindern!
Sicherlich zollt dir dein stiergestaltiger Liebhaber Bakchos
stärker noch Beifall, sieht er auf einem Stiere dich reiten» ...
Derart beschwatzte die Göttin den Jungen und schwand in die Lüfte

(D. Ebener)

Nur ein antiker Epiker wagte es, den Götterapparat ganz aus dem Epos zu verbannen: Senecas Neffe Lucan (39–65 n. Chr.) brachte es als überzeugter Republikaner nicht über sich, in seinem Epos vom Römischen Bürgerkrieg *(Pharsalia)* der Tradition zuliebe so zu tun, als hätten die Götter durch ihr persönliches Eingreifen den Tyrannen Caesar zum Sieg, den Republikaner Pompeius in den Untergang geführt. Die Innovation fand jedoch nie Nachahmer und wurde bereits von Lucans kunstverständigem Zeitgenossen Petron (118,6) abgelehnt, da ein Epos ohne poetisches Kolorit auf das Faktenerzählen der Geschichtsschreibung herabsinke.

Wie sehr antike Leser erwarteten, das in einer Gattung Übliche auch jedes Mal präsentiert zu bekommen, und damit den Autor dem Gattungszwang aussetzten, zeigt noch drastischer Ciceros (verlorenes) Epos über sein eigenes Konsulatsjahr *(De Consulatu Suo)*, in dem er sich so stark zum typischen Epenhelden stilisieren musste, dass er in einem Abschnitt erzählte, wie er von Jupiter in die Götterversammlung berufen (und dort mit Handlungsanweisungen versehen) wurde, und in einer anderen Szene darstellte, wie ihm, der seine Beredsamkeit nach eigenem Bekunden dem Unterricht und der Übung verdankte und sich durch das Abfassen von Lehrbüchern zur Lehrbarkeit dieser Kunst bekannte, die Rhetorik von der Göttin Minerva (= Athene) persönlich eingegeben wurde – Peinlichkeiten, die nach Quintilians Zeugnis (*inst.* 11,1,24) nicht wenig Spott hervorriefen, aber die Gattungstreue des *Epikers* Cicero dokumentieren.

Ein anderer altertümelnder Zug des Epos ist die so genannte epische Breite, jene behagliche, fast umständliche Art, jedes Detail, jeden Einzelschritt einer Szene gleichermaßen zu erzählen und von den neueren Techniken der Raffung, der Beschränkung auf die Hauptsache, der provozierenden Auslassung oder knappen Andeutung keinen Gebrauch zu machen. Diese Langatmigkeit entstand ebenfalls natürlich aus der Mentalität der homerischen Zeit, die Haupt- und Nebensache, Oberbegriff und Detail noch nicht zu unterscheiden wusste, und wurde der Tradition zuliebe von den späteren Epikern, die in der Rhetorenschule längst modernere Präsentationsmöglichkeiten gelernt hatten, künstlich aufrechterhalten.

Wenn z. B. in der *Ilias* (16,126 ff.) Achill seinen Freund Patroklos angesichts der argen Bedrängnis der Griechen – die Trojaner sind im Begriff, die Schiffe der Griechen in Brand zu stecken und so ihre spätere Heimkehr zu verhindern – zum schleunigen Kampf anfeuert:

> Auf, erhebe dich, göttlicher Patroklos, reisiger Kämpe!
> Sehe ich doch um die Schiffe bereits die sprühenden Flammen.
> Daß sie die Schiffe nicht nehmen und kein Entrinnen sich biete,
> hülle dich rasch (!) in die Waffen, und ich versammle die Völker,

so ist die folgende Rüstungsszene, die ein moderner Leser wegen jener Eilbedürftigkeit nun eher gerafft, kurz angedeutet oder einfach übersprungen sehen möchte, gemäß dem Gattungsgesetz auf 25 Verse ausgebreitet, in denen Patroklos nun Stück für Stück seiner Bewaffnung anlegt und der Leser obendrein ein Teil um das andere beschrieben erhält – erst danach kann der doch so drängende Kampf beginnen:

> Also sprach er, und Patroklos griff zu dem funkelnden Erze,
> eilend legt' er zuerst um die Beine sich bergende blanke
> Schienen, zusammengefügt mit Knöchelspangen von Silber.
> Zweitens dann bedeckt' er die Brust mit dem strahlenden bunten
> Panzer des fußbeschwingten Peliden, des Aiakosenkels.
> Über die Schultern warf er darauf das silberverzierte
> eherne Schwert und weiter die Last des mächtigen Schildes,
> und bedeckte das ragende Haupt mit dem stattlich geformten
> buschigen Helm; und drohend nickte der Busch von der Höhe.
> Endlich ergriff er zwei mächtige Speere, die handlich ihm paßten;
> nicht aber nahm er die Lanze des adligen Aiakosenkels,
> groß und wuchtig und fest; sie konnte kein andrer Achaier
> schwingen; denn er allein verstand sie zu schleudern, Achilleus:
> Sie, die pelische Esche, die Cheiron schlug für den Vater
> einst auf Pelions Gipfel, um Tod zu bereiten den Helden.
> Doch den Automedon trieb er in Eile, die Rosse zu schirren.
> Diesen schätzte er nächst dem Zermalmer Achilleus am höchsten;
> treu wie keiner, so harrte er stets im Kampfe des Zurufs.
> So auch führte Automedon jetzt ins Joch ihm die Renner,
> beide, den Falben und Schecken; die flogen dahin mit den Winden.

Diese gebar dem Westwind einst die Harpyie Podarge,
weidend auf grünender Au an Okeanos' strömenden Wassern.
Aber als Beipferd ließ er den trefflichen Pedasos gehen,
den aus Eëtions Burg erbeutet sich hatte Achilleus;
sterblich geboren, hielt er doch Schritt mit unsterblichen Rossen.

Ein solches Ausufern ist in der nachhomerischen Epik freilich die Ausnahme, geblieben ist aber die eigentümliche Erzählweise, Schritt für Schritt und ohne Auslassungen den Vorgang zu entwickeln. Das zeigt z. B. die wortkarge Szene, in der Vergil (*Aen.* 10,474 ff.) den Zweikampf zwischen Turnus und Pallas, dem jungen Gefährten des Aeneas, nachvollzieht:

Pallas aber wirft mit wuchtiger Kraft seine Lanze
weit hinaus und reißt sein blitzendes Schwert aus der Scheide.
Hinsaust die Lanze und trifft, wo hoch an der Schulter der Panzer
steigt, und da sie den Weg sich erzwang durch des Schildes Umrandung,
streifte sie endlich auch den Riesenkörper des Turnus.
Jetzt schwingt Turnus lange die Lanze mit eiserner Spitze
gegen Pallas, wirft dann ab und spricht zu ihm also:
«Merk jetzt, ob nicht mehr doch durchschlägt unsere Waffe!»
Also sprach er; den Schild, all die Lagen von Eisen, von Erze,
ihn, den ebenso dick überzog noch die Haut eines Stieres,
schlägt jetzt mitten durch die Spitze mit wuchtigem Stoße.
Jagt durchs Hemmnis des Panzers und dringt in die Brust des Helden.
Der aber reißt umsonst den heißen Speer aus der Wunde:
Gleichen Weges folgen ihm nach das Blut und die Seele.
Pallas stürzt auf die Wunde dahin, dumpf rasselt die Rüstung,
sterbend packt er mit blutigem Mund die feindliche Erde.

(J. Götte)

Solche Gattungszwänge erfüllen gleich bleibende Erwartungshaltungen eines eher konservativen Leserpublikums und erlauben dem Autor nur, sich innerhalb vorgegebener Konventionen nach eigenem Geschmack zu bewegen: Originalität wird daher in der antiken Literatur (noch) nicht als Hervorbringen von radikal Neuem, Einmaligem, die Tradition Sprengendem begriffen, sondern sanfter als individuelles Nuancieren, Abwandeln, Umgestalten verstanden.

Es gehört zu den reizvolleren Aufgaben der Klassischen Philologie, diesem Spiel zwischen Konvention und Individualität nachzuspüren, vor allem in Fällen, bei denen ein Autor dasselbe Motiv oder Thema in verschiedenen Gattungen präsentiert. Die bekannteste dieser Dubletten liefert Ovid, der während seiner mittleren Schaffensperiode (1 v. Chr. – 8 n. Chr.) zwei erzählende Großgedichte verfasste, die episch-homerisierenden *Metamorphosen* und die in elegisch-kallimacheischer Erzählform geschriebenen *Fasti*. Die beiden Erzählstile sind konträr: Bevorzugt das Epos die lange, zusammenhängende Erzählung, so tendiert die elegische Erzählung zu kurzen Einzelepisoden, die allenfalls durch einen äußerlichen Rahmen zu einem Buch zusammengefasst werden; verlangt die epische Breite einen gleichmäßigen Erzählfluss, erlaubt die elegische Erzählung dem Autor, die einzelnen Abschnitte des Geschehens bald zu raffen, bald breit auszumalen, bald zu überspringen; hebt das Heldenepos naturgemäß eher die großen, harschen Gefühle und Aspekte (Hass, Zorn, Leidensfähigkeit, Kampf, Sturm u. dgl.) hervor, richtet die elegische Erzählung das Augenmerk auf sentimentalere, gefühligere Stimmungen (Verliebtheit, Trauer, Mitleid). In 250 mythologischen Sagen, die geschickt chronologisch aufeinander folgen, erzählen die epischen *Metamorphosen* das Kontinuum der Geschichte der Welt von der ersten Metamorphose der Urmaterie in die sichtbare Welt bis zur letzten datierbaren (der Metamorphose des ermordeten Caesar in einen Stern), während die *Fasti* ein Bündel loser Einzelerzählungen bleiben, denen der römische Kalender (Ovid erzählt zu wichtigen Kalendertagen das jeweils dazugehörende Mythologem) notdürftig einen Zusammenhang gibt. Um seine Virtuosität zu zeigen, richtete es Ovid mehrmals ein, dieselbe Sage in beiden Werken, also nach zwei verschiedenen Gattungskonventionen, erzählen zu können, so den Mythos von dem auf Sizilien lokalisierten Raub der Proserpina / Persephone, der einzigen Tochter der Fruchtbarkeitsgöttin Ceres / Demeter, durch den Unterweltsgott Pluto (*met.* 5,346 ff.; *fast.* 4,417 ff.). Die epischen *Metamorphosen* brauchen erst einmal 18 breite Verse, um Pluto aus der Unterwelt nach Sizilien heraufzuführen, und weitere 22 ausführliche Zeilen, um mit Hilfe des Götterapparats (Venus und Amor) die Liebe im Herzen des Totengottes überhaupt aufkeimen zu lassen:

(359) Unheil befürchtend war aufgebrochen vom finstern
Sitze der Fürst und fuhr auf dem Wagen, gezogen von schwarzen
Rossen, sorgend rings um den Grund der sizilischen Erde.
Als er genugsam erkundet, daß keine Stelle im Wanken,
und seine Furcht sich gelegt, sah, thronend auf ihrem Gebirg, ihn
schweifen die Göttin des Eryx, umschlang den geflügelten Sohn und
sprach: «Meine Waffe und Hand, mein Sohn, meine Macht und Gewalt,
du!
Nimm das Geschoß, mit dem du alles bezwingst, o Cupido,
jage den flüchtigen Pfeil mit Wucht dem Gott in die Brust, dem
damals gefallen als Los der letzte der Teile des Dreireichs.
Alle Himmlischen, Jupiter selbst, die Götter des Meeres
zwingst du und bändigst auch ihn, der die Götter des Meeres
    beherrscht. Was
soll sich der Orcus entziehen? Was trägst du die Herrschaft der Mutter,
deine nicht weiter vor? Um ein Dritteil geht es des Weltalls!
Aber im Himmel auch, bei der Langmut, wie jetzt ich sie zeige,
werd' ich mißachtet und mindern mit mir sich die Kräfte der Liebe.
Siehst du nicht, daß Pallas, die speerwurffrohe Diana,
schon mir entgangen? Und auch die Tochter der Ceres wird Jungfrau,
wenn wir es dulden, sein, denn sie macht auf das Gleiche sich Hoffnung.
Auf! Für unser gemeinsam Reich, wenn es irgend dir wert ist,
eine die Göttin dem Ohm!» So Venus. Er deckt seinen Köcher
auf und legt nach der Wahl der Mutter einen der tausend
Pfeile beiseite ...

(E. Rösch)

In der Raubszene tritt die kindlich-zarte Gestalt Proserpinas weit hinter dem detailliert erzählten Vorgehen des entschlossenen, brutalen Pluto, der jeden Widerstand bricht, zurück: Die Höllenfahrt erhält einen deutlich heroischen Anstrich.

Dort war Kyane selbst, nach der auch ein Weiher benannt war,
sie, die so hoch berühmt unter all den sizilischen Nymphen.
Diese, zu Leibes Höh' aus des Strudels Mitte sich hebend,
sah und erkannte die Göttin. «Nicht weiter werdet ihr gehn! Du
kannst nicht der Ceres zuleid ihr Eidam sein! Zu erbitten

war sie, zu rauben nicht!» ...

... Da zähmt der Sohn des Saturnus nicht weiter den Zorn: er
feuert die Rosse, die schrecklichen, an und schleudert mit starkem
Arm sein königlich Szepter mit Macht hinein in des Strudels
Tiefe. Getroffen klaffte die Erde den Weg in den Orcus,
schlang in den Trichter ein den niederwärts rasenden Wagen.

Benötigt die epische Breite für diesen ersten Teil der Sage 78 Verse,
so genügen dem Dichter der *Fasti* mittels Kürzungen und Auslassungen für denselben Sagenteil 28 Zeilen, die zum größten Teil das
anrührende Idyll des blumenpflückenden Mädchens Proserpina
ausmalen, Raub und Höllenfahrt dagegen in sechs knappen Versen
abtun und den gesamten epischen Vorspann von Plutos Auffahrt
nach Sizilien bis zu Amors Pfeilschuss kurzerhand überspringen
(*fast.* 4,423–50):

Einst lud die Mütter der Götter zu sich Arethusa, die kühle;
    Ceres, die blonde, erschien auch zu dem heiligen Mahl.
Quer durch die heimischen Auen lief barfuß da ihre Tochter,
    mit ihr die Mädchenschar, die immer auch sonst bei ihr war.
Tief im schattigen Tal liegt ein Platz; er ist feucht, weil das Wasser,
    das von der Höhe herab stets sich ergießt, ihn besprüht.
Dort erstrahlen sämtliche Farben, die die Natur hat;
    Blumen verschiedenster Art machten den Erdboden bunt.
Als sie ihn sah, da rief sie: «Herbei, ihr Gespielinnen, füllt mit
    Blumen das Kleid, und nach Haus tragt sie zusammen mit mir!» ...
Während sie eifrig sammelt, schreitet sie weiter und weiter;
    zufällig war aus der Schar keine der Herrin gefolgt.
Da erblickt sie der Bruder des Vaters und raubt sie sich eilends,
    führt sie auf dunklem Gespann mit sich hinab in sein Reich.
Sie aber schrie: «O weh! Ich werde entführt, liebste Mutter!»
    Dabei riß sie das Kleid an ihrem Busen sich auf.
Unterdessen öffnet der Weg sich für Dis, denn die Pferde
    halten das Tageslicht, das sie nicht gewohnt sind, kaum aus.

(N. Holzberg)

Auf die Nachricht vom Verschwinden ihrer Tochter kennt die epische Ceres nur eine Reaktion: Wut und Zorn, die sie dazu bringen, ohne Ermüdung den gesamten Erdkreis nach Proserpina ab-

zusuchen, unterwegs ein unbotmäßiges Kind vor den Augen seiner entsetzten Mutter in eine Eidechse zu verwandeln, d. h. hartherzig das Leid, das sie beschwert, über eine andere Mutter zu verhängen, und schließlich, als alles Suchen scheitert, das unschuldige Sizilien mit Dürre und Unfruchtbarkeit zu schlagen (*met.* 5,438–486):

> Wo sie sei, das weiß sie noch nicht; doch schilt sie die Länder
> all undankbar und nennt sie der Gabe der Früchte nicht würdig.
> Aber Sizilien, wo sie die Spur des Verlustes entdeckt, vor
> allen. Und also zerbricht sie die schollenwendenden Pflüge
> dort mit wütender Hand, sie weiht im Zorne dem Tode
> Bauern und feldbestellendes Vieh, sie heißt das vertraute
> Pfand unterschlagen die Flur und läßt die Samen verkommen.
> Die übers Erdrund berühmt, eine Lüge liegt nun des Landes
> Fruchtbarkeit da, es sterben im ersten Sprießen die Saaten.

Transponiert man diese Sequenz in die weichere, milde Tonlage der elegischen Erzählung, so begegnet uns nun in Ceres eine gebrochene Mutter voll Kummer und Jammer, die nun nicht in der stolzen Einsamkeit der Gekränkten rachesinnend den Erdkreis unermüdlich durchzieht, sondern (*fast.* 4,481 ff.)

> Alle Orte, an die sie gelangt, erfüllt sie mit Klagen,
>   wie seines Itys Verlust immer der Vogel beweint.
> Bald ist zu hören, wie sie «Persephone!» schreit, bald ist «Tochter!»
>   das, was sie ausruft, so daß beides im Wechsel ertönt.
> Weder mit «Tochter!» noch mit «Persephone!» kann Mutter Ceres
>   sie erreichen, so daß beides im Wechsel verhallt.
> Ob einen Hirten sie sah oder auch einen pflügenden Bauern,
>   eines nur fragte sie: «Ging hier grad ein Mädchen vorbei?»
> Schon liegt auf der Natur die gleiche Farbe, und alles
>   hüllen die Schatten ein, schon sind alle Wachhunde stumm.

Ihr Leid steckt, wie die zwei zuletzt zitierten Verse (die epischen *Metamorphosen* brauchen für dasselbe elf Zeilen) zeigen, ohne ihr Zutun das ganze Sizilien an und lässt endlich die (im Epos rastlose) Göttin völlig ermatten und erlahmen:

Hier hat dann erstmals geruht die Betrübte: Der Ort war ein kalter
Stein, den des Kekrops Geschlecht heute noch Trauerstein nennt.
Tagelang ohne Bewegung im Freien ausharrend, nahm sie's
hin, wenn der Mond schien bei Nacht oder ein Regenguß kam.

Auch wenn zwei verschiedene Autoren sich demselben Stoff in unterschiedlichen Gattungen zuwenden, sind die Differenzen ihrer
Fassungen zu einem guten Teil nicht individuell, sondern durch die
jeweilige Gattung bedingt. Die antike Historiographie kennt z. B.
zwei divergierende Gattungen: die (seltenere) sachlich-wissen-
schaftliche Präsentation des Geschichtsforschers, die dem heutigen
Sachbuch nahe steht, und die beliebtere literarische, farbig erzählende und dramatisch vergegenwärtigende Ausarbeitung, die schon
mit dem modernen Historienfilm verglichen wurde. Die erstere
Form wählte der griechische Geschichtsschreiber Polybios (ca.
200 – 120 v. Chr.), der nach der Unterwerfung der griechischen
Staaten und Reiche durch die neue Großmacht Rom aus der Geschichte der Jahre 220 bis 168 v. Chr. zu erkennen suchte, weshalb
Rom aufstieg und die einst mächtigen Griechenstaaten verloren
hatten: Demgemäß legt er seine Resultate in literarisch unpräten-
tiöser, sachlich-analytischer Form vor. Sein Bericht über die Niederlage der Römer am Trasimener See (3,83 – 84) konzentriert sich
daher ganz auf die Fehler der Römer und die Vorteile Hannibals,
ohne das Geschehen künstlerisch zu bearbeiten:

Nachdem Hannibal also bei Nacht … das Tal mit den in den Hinterhalt
gelegten Truppen umschlossen hatte, wartete er ruhig ab. Flaminius
aber folgte ihm im Rücken, bestrebt, ihn möglichst bald zu erreichen.
Und nachdem er am Tag zuvor in sehr später Stunde dicht am See ein
Lager aufgeschlagen hatte, führte er am folgenden Tag gleich bei Mor-
gengrauen die Spitze seines Heeres am See entlang in das vor ihm lie-
gende Tal hinein, um mit dem Feind in Gefechtsberührung zu kommen.
Als Hannibal – es war ein ungewöhnlich nebliger Tag – den größten Teil
der römischen Marschkolonne in das Tal hatte hereinkommen lassen
und die Spitze des Feindes ihn schon erreichte, gab er das Zeichen zum
Kampf, schickte zu den im Hinterhalt Liegenden und griff das römische
Heer gleichzeitig von allen Seiten an. Da der Gegner völlig überraschend
vor ihnen auftauchte, dazu die Luftverhältnisse jede Sicht nahmen und

die Feinde sich an vielen Stellen zugleich von oben herab auf die Römer stürzten, konnten die Centurionen und Tribunen nicht nur nicht zu Hilfe kommen, wo es not tat, sondern nicht einmal erkennen, was vorging. Denn der Angriff erfolgte gleichzeitig von vorn, von hinten und von den Seiten. So kam es, daß die meisten, so wie sie in der Kolonne marschierten, unfertig zum Gefecht, niedergehauen wurden, ohne sich wehren zu können, gleichsam verraten durch die Unbesonnenheit ihres Führers. Denn während sie noch überlegten, was sie tun sollten, fanden sie unversehens den Tod. In dieser Situation wurde auch Flaminius, ratlos und verzweifelt, von mehreren auf ihn eindringenden Kelten getötet.

(H. Drexler)

Versetzt man denselben Vorgang in die andere historiographische Gattung, so wird aus dem nüchternen, knappen und ständig abwärts gerichteten Bericht vom unvermeidlichen Untergang der römischen Armee eine spannende, dramatische, lange Zeit sogar unentschiedene Schlacht voller Erbitterung auf *beiden* Seiten, garniert mit den narrativen Kunstgriffen des Retardierens (vor das absehbare Erliegen der Römer setzt man noch ein letztes, beinahe erfolgreiches Aufbäumen) und der Peripetie (man lässt die Römer nicht von vornherein unterliegen, sondern sie längere Zeit einem möglichen Sieg zustreben, der dann plötzlich infolge der unerwarteten Attacke auf den Konsul Flaminius zur definitiven Niederlage umschlägt), ausgemalt mit zahlreichen anschaulichen, verlebendigenden Details – so jedenfalls gestaltet Livius (22,4,4–6,6) dieselbe Katastrophe Roms:

… Aus dem Geschrei überall, noch ehe man richtig sehen konnte, schlossen die Römer, daß sie umzingelt waren. Schon hatte auch von vorn und in den Flanken der Angriff begonnen, ehe sie überhaupt ihre Linie richtig aufstellen, ihre Waffen herrichten und ihre Schwerter ziehen konnten. In dieser allseitigen Verwirrung hatte der Konsul allein noch einigermaßen die Fassung bewahrt, soweit es in einer so üblen Lage möglich war. Er stellte die durcheinander geratenen Linien auf, wie es die Zeit und dieses Gelände zuließen, wo sich die Männer immer nur nach verworrenem Geschrei umdrehten. Überall, wo Flaminius hinkommen und gehört werden konnte, sprach er den Soldaten Mut zu und hieß sie standhalten und kämpfen. …

Die Soldaten waren vor lauter Lärm und Gewühl gar nicht in der Lage, Rat und Befehl zu hören; sie konnten längst nicht mehr auf ihre Feldzeichen, ihre Reihen und ihren Platz achten, gar nicht zu reden von der Konzentration, zu den Waffen zu greifen und sie zum Kampf fertig zu machen. So stürzten einige unter ihren Waffen, von ihnen mehr belastet als geschützt. Bei dem dicken Nebel verließ man sich auch mehr auf die Ohren als auf die Augen. Man wandte sich nach dem Stöhnen der Verwundeten um und suchte sich an dem Aufschlagen der Hiebe auf Körper und Waffen und an dem wilden Durcheinander von Lärm und Angstgeschrei zu orientieren. Die einen wollten fliehen, gerieten dabei aber in eine Kampfgruppe und konnten nicht weiter. Andere wollten in die Schlacht zurückkehren; da riß sie ein flüchtender Haufe mit fort. Darauf versuchten sie nach allen Seiten vergebliche Angriffe. Die Berge und der See schlossen sie auf den Flügeln ein, vorn und im Rücken stand das feindliche Heer.

Es war ganz klar, daß sie nur noch auf eine Rettung durch eigene Kraft hoffen konnten. Da wurde jeder sein eigener Führer und riß sich selbst zur Tapferkeit hoch. Zwar kam es zu einer völlig neuen Schlacht, allerdings nicht geordnet nach Vorder-, Mittel- und Hintertreffen, auch nicht so verteilt, daß die Vorkämpfer vor den Feldzeichen, die zweite Linie dahinter kämpfte, auch nicht so, daß der Soldat in seiner eigenen Legion, Kohorte oder Abteilung stand.

Der Zufall ballte alles zusammen, und eigener Mut stellte jeden vorn oder hinten an seinen Platz im Gefecht. So erbittert gerieten sie aneinander, und alle Aufmerksamkeit galt so sehr dem Kampf, daß kein Kämpfer jenes Erdbeben spürte, das große Teile vieler Städte Italiens zerstörte, reißende Ströme aus ihrem Lauf lenkte, das Meer in die Flüsse drängte und Berge durch ungeheuren Rutsch abtrug.

Fast drei Stunden wurde allenthalben mörderisch gekämpft. Trotzdem tobte der Kampf um den Konsul noch grimmiger und härter. Ihm folgte ja die Kerntruppe, und er selbst leistete unentwegt Hilfe, wo er seine Leute in Not und Schwierigkeiten sah. Man erkannte ihn an seinen Waffen, und daher wurde er mit höchstem Einsatz von den Feinden angegriffen und von seinen Mitbürgern geschützt, bis schließlich ein insubrischer Reiter – er hieß Ducarius –, der den Konsul an seinen Gesichtszügen erkannte, seinen Leuten zurief: «Da ist ja der Unmensch, der unsere Legionen erschlug, unsere Felder und die Stadt verwüstete! Jetzt will ich ihn den Geistern unserer grausam ermordeten Mitbürger opfern!» Er gab seinem Pferd die Sporen, ritt durch das dichteste

Knäuel der Feinde und griff an. Zunächst erstach er den Waffenträger, der sich ihm bei seinem Angriff entgegengeworfen hatte. Dann durchbohrte er den Konsul mit der Lanze.

(J. Feix)

4. Stil, Form, Rhetorik

Antike Literaturtheorien geben der Inspiration und Genialität (ἐνθουσιασμός), dem Inhalt oder der Gedankentiefe eines Kunstwerks viel weniger Raum als Kriterien wie τέχνη/*ars* (Kunstfertigkeit) oder *labor et lima* (Überarbeiten und Ausfeilen): Die formale Perfektion, die sprachlich-stilistische Politur der Textoberfläche, die Eleganz der Formulierung gilt als eines der wichtigsten Merkmale des Literarischen. Daher kennt die antike Literaturgeschichte nicht wenige Werke, die absichtlich einen abstrusen, belang- und gehaltlosen Stoff wählen, um durch die stilistische Brillanz seiner Darbietung die künstlerische Potenz ihres Verfassers zu demonstrieren: Nikander von Kolophon (2. Jh. v. Chr.) verfasste formvollendete Lehrgedichte über «Heilmittel gegen Schlangenbiß» bzw. «Heilmittel bei Nahrungsmittelvergiftung» (die natürlich nicht die medizinischen Fach- und Rezeptbücher ersetzen sollten, sondern rein dem Ergötzen kunstsinniger Leser dienen), Lukian (2. Jh. n. Chr.) schrieb ein «Lob der Fliegen», der römische Rhetor und Prinzenerzieher Fronto (2. Jh. n. Chr.) Lobreden auf den Qualm, den Staub und die Trägheit, Ovid ein Lehrgedicht «De medicamine faciei femineae» über Kosmetikprodukte für Damen etc.

Aber auch stofflich gewichtige Literatur ist in der Antike weit mehr formalen, stilistischen Anforderungen unterworfen, als dies in moderneren Zeiten geschieht: Selbst der Philosoph Platon sorgt sich so intensiv um die sprachliche Schönheit seiner Dialoge, dass er von Werk zu Werk zunehmend den Hiat, das Zusammenstoßen eines Vokals am Wortende mit einem Vokal im Anlaut des folgenden Worts, wegen des unschönen Knacklauts vermeidet (und dafür ungewöhnliche Wortumstellungen oder seltene Ersatzwörter in Kauf nimmt) und selbst ein so geläufiges Wörtchen wie ὅτι («dass») wegen des auslautenden Iota schließlich weitgehend durch das nicht hiatverdächtige ὡς ersetzt. Aus demselben Grund werden Fachbücher über Philosophie, Rhetorik, Astronomie, Landwirtschaft u. dgl. bis weit in die Spätantike (wo das Bildungsniveau dann rasch sinkt) hinein nicht im sachlich-trockenen Lehrbuchstil, sondern in stilistisch anspruchsvoller, rhetorisierter Prosa (z. B. Quintilians *Institutio Oratoria*, Columellas *Res Rusticae*), in kunstvoller Dialogform (z. B. Varros *Res Rusticae*, Brutus' *De Jure Civili*) oder gleich in poetischer Form mittels schöner Lehrgedichte (z. B. Arats Φαινόμενα, Lukrez' *De Rerum Natura*, Vergils *Georgica*, Manilius' *Astronomica*) präsentiert; aus derselben Einstellung heraus hebt Cicero neben seiner Leistung, die Inhalte der griechischen Philosophie einem lateinsprachigen Publikum vermittelt zu haben, das gleichrangige Verdienst hervor, diese Philosophie in literarisch schöner Form darzubieten (*Tusc.* 1,6):

> Wir müssen uns dabei umso mehr Mühe geben, als es schon viele lateinische Bücher darüber geben soll, unbedacht geschrieben von Männern, die zwar hochachtbar, aber reichlich ungebildet sind. Es kann gewiß vorkommen, daß einer richtige Ansichten hat, aber diese Ansichten nicht elegant zu formulieren versteht; *daß aber einer seine Gedanken niederschreibt und sie weder zu ordnen noch gut auszudrücken noch den Leser durch irgendeine gefällige Form anzuziehen vermag, das beweist einen unerlaubten Mißbrauch der eigenen Freizeit und der Sprache.* So werden denn auch ihre Bücher nur von ihnen selbst und ihren Anhängern gelesen, und keiner rührt sie an außer denen, die sich dieselbe Zügellosigkeit im Schreiben gestatten möchten. *Wenn also unsere Arbeit in der Vergangenheit etwas zum Ruhm der römischen Redekunst beigetragen hat, so werden wir uns jetzt mit noch größerem Eifer bemühen, die Quellen der Philosophie zu erschließen ...*
>
> (O. Gigon)

Dieses Insistieren auf der gefälligen, geschliffenen literarischen Form lässt Cicero (*Tusc.* 2,7) kurzerhand die Lektüre unelegant, also lehrbuchartig geschriebener Philosophieabrisse verweigern:

> Es gibt nämlich eine Gruppe von Leuten, die sich Philosophen nennen lassen, und von denen es auf lateinisch ziemlich viele Bücher geben soll. Ich verachte sie nicht, denn ich habe sie überhaupt nie gelesen: da näm-

lich jene selbst, die da schreiben, erklären, sie wollten *weder genau noch geordnet noch elegant noch schön schreiben, so verzichte ich auf eine Lektüre, die mir keine Freude macht* ... Da sie sich also nicht darum kümmern, *wie* sie schreiben, sehe ich nicht ein, warum jemand sie lesen soll ...,

ein Motiv, das noch 400 Jahre später bei Augustinus' erster, aber noch wirkungsloser Begegnung mit den schlichten, ohne Rhetorik geschriebenen Texten des Neuen Testaments wiederkehrt (*conf.* 3,5–6):

Daher beschloß ich, mich der Heiligen Schrift zu widmen, um zu sehen, wie es mit ihr wäre. Und siehe! Da ist etwas, was die Hochmütigen nicht heranläßt und sich auch den Kleinen nicht enthüllt, sondern nieder ist fürs Eingehen, beim Vorangehen erhaben wird und sich ins Geheimnis schleiert; und ich, wie ich damals war, hätte nicht vermocht, hineinzugelangen oder den Nacken zu beugen, um in der Sache voranzukommen. Denn nicht so, wie ich jetzt davon rede, urteilte ich damals, als ich mich der Schrift zuwandte, vielmehr *erschien sie mir unwürdig, mit der Würde des Ciceronischen in Vergleich zu treten; ja, mein geschwelltes Pathos sträubte sich wider ihre unscheinbare Weise und meine Sehkraft reichte nicht in ihr Inneres hinein.*

(J. Bernhart)

Wie dem jungen Rhetoriklehrer Augustinus, der vor lauter Fixierung auf die allzu schlicht-unrhetorische Außenseite der Evangelientexte deren *interiora*, d. h. deren inhaltliche Botschaft nicht zu erfassen vermochte, erging es seinem Zeitgenossen Hieronymus, der zum Philologen und Literaturkundler ausgebildet worden war, selbst noch lange nach seiner Bekehrung (*epist.* 22,30) beim Umgang mit dem Alten Testament:

Nachdem ich manche Nacht durchwacht und viele Tränen vergossen hatte, welche die Reue über meine früheren Sünden gelöst, nahm ich den Plautus zur Hand. Als ich wieder zu mir selbst zurückfand, *fing ich an, einen Propheten zu lesen, aber die harte Sprache stieß mich ab. Mit meinen blinden Augen sah ich das Licht nicht. Ich aber gab nicht den Augen die Schuld, sondern der Sonne.* Während so die alte Schlange ihr Spiel mit mir trieb, überkam meinen entkräfteten Körper etwa um die Mitte der Fastenzeit ein Fieber, das bis ins innerste Mark drang ... Plötzlich fühlte ich mich im Geiste vor den Richterstuhl geschleppt. Dort umstrahlte mich so viel Licht, und von der Schar der den Richterstuhl Umgebenden ging ein solcher Glanz aus, daß ich zu Boden fiel und nicht aufzublicken wagte. Nach meinem Stande befragt, gab ich zur Antwort, ich sei Christ. Der auf dem Richterstuhl saß, sprach zu mir: «Du lügst, du bist ein *Ciceronianer*, aber kein Christ. Wo nämlich dein Schatz ist, da ist auch dein Herz».

(L. Schade / J. B. Bauer)

Dem ausgeprägten Bemühen um Stilisierung ist so gut wie jeder Satz eines antiken literarischen Texts unterworfen; nur private Aufzeichnungen (z. B. Ciceros Privatbriefe, Aristoteles' Kollegmanuskripte) und spätantike Lehrbücher (Geschichtsabrisse, Rezeptsammlungen u. dgl.) entziehen sich ihm. Es verlangt vom Leser eine entsprechend aufmerksame, keinesfalls rasche oder flüchtige Lektüre – letzterer wirkten ja auch schon die Unhandlichkeit der Buchrollen und die verbreitete Sitte, sich vom Anagnosten (Vorlesesklaven) vorlesen zu lassen, einigermaßen entgegen, erstere muss noch heute in Seminaren, wo es um die Erfassung auch der sprachlich-stilistischen Finessen geht, praktiziert werden, weshalb Studierende nicht selten erleben, dass vom angekündigten Text im Lauf eines Semesters nur ein kleinerer Teil wirklich durchgenommen wird bzw. werden kann.

Schon eine Kleinigkeit wie das Aufzählen wird vom antiken Autor infolgedessen als künstlerische Herausforderung empfunden, die nicht durch eine klare Gliederung oder verständliche Abfolge der einzelnen Glieder, sondern durch die stilistische Variation, das raffinierte, Eintönigkeit unterbindende Wechselspiel der einzelnen Glieder zu bewältigen ist. Im achten Buch der *Aeneis* erzählt Vergil, wie die Göttin Venus ihren Sohn Aeneas, der in den folgenden Büchern den entscheidenden Krieg gegen die seine Landnahme bekämpfenden Italer und deren Anführer Turnus wagen soll, mit einer vom Gott der Schmiede, Vulcanus, verfertigten sechsteiligen Rüstung (Helm, Schwert, Harnisch; Beinschienen, Lanze, Schild) ausstattet. Im achten Buch ist hiervon allerdings nur ein Stück, der mit vielen Reliefbildern aus der kommenden Geschichte Roms (Aeneas' Landnahme in Italien soll ja nach dem Willen der Götter die

Gründung dieser Stadt, letztlich des Römischen Reichs, einleiten) verzierte Schild, von Interesse, weshalb ihn Vergil in 103 Versen detailliert beschreibt (8,626–728). Trotzdem werden die übrigen Rüstungsteile nicht einfach kurz und kunstlos aufgelistet, sondern in sechs sorgfältig variierten Versen (8,620–625) geschildert:

> (617) *Ille deae donis et tanto laetus honore*
> *expleri nequit atque oculos per singula volvit,*
> *miraturque interque manus et bracchia versat*
> (620) *terribilem cristis galeam flammasque vomentem,*
> *fatiferumque ensem, loricam ex aere rigentem,*
> *sanguineam, ingentem, qualis cum caerula nubes*
> *solis inardescit radiis longeque refulget;*
> (624) *tum leves ocreas electro auroque recocto,*
> *hastamque et clipei non enarrabile textum.*
> *Illic res Italas Romanorumque triumphos*
> *haud vatum ignarus venturique inscius aevi*
> *fecerat Ignipotens ...*

Die sechs Waffenteile arrangiert Vergil zu zwei (durch das v. 624 einleitende *tum* gegeneinander abgesetzte) Dreiergruppen, in denen jeweils die Schutzwaffen (Helm, Harnisch; Beinschienen, Schild) eine Angriffswaffe (Schwert; Lanze) umrahmen. Die jeweils erste Waffe erhält genau einen Vers (620; 624) zugeteilt, die zweite wird besonders knapp *(fatiferumque ensem; hastam)*, die dritte dafür weit ausführlicher als die beiden vorangehenden dargestellt: der Harnisch (8,621–23) in zweieinhalb, der Schild (8,625–728) mit Hilfe der Reliefbeschreibungen in 103 Versen. Diese zweifellos beabsichtigte Parallelität der beiden Gruppen wird nun durch Variieren der jeweiligen Detailangaben vor Eintönigkeit bewahrt: Die *galea* wird durch zwei je sechs Silben bzw. zwei Wörter umfassende Attribute *(terribilem cristis; flammasque vomentem)* harmonisch eingerahmt, ihr Pendant dagegen v. 624 von zwei ganz ungleichen Angaben *(leves; electro auroque recocto)*, die der Konzinnität der beiden Adjektive *terribilem/vomentem* des Verses 620 die Disparität der beiden Attribute in Vers 624 (Adjektiv, Ablativus materiae) entgegensetzen; die beiden Angriffswaffen werden zwar übereinstimmend kürzer umrissen, aber doch insofern differenziert, als das Schwert (mit dem Aeneas 12,950 seinen Widersacher tötet) das bedeutungsschwere Attribut *fatifer* («schicksalsträchtig»), die Lanze dagegen keinerlei Zusatzangabe erhält – nicht weil sie unwichtiger als die anderen Rüstungsteile wäre (sie spielt im Zweikampf zwischen Aeneas und Turnus eine herausragende Rolle: *Aen.* 12,711. 772–790. 919–927), sondern weil sich auf dem Hintergrund der fünf *mit* Attributen verschiedenster Art versehenen Waffen die *Attributlosigkeit* als weitere Stilvariation anbietet; die jeweils an dritter Stelle vorgeführten Teile Harnisch und Schild werden zwar beide umfänglicher beschrieben, Ersterer jedoch *indirekt* mittels eines Gleichnisses *(qualis cum caerula nubes ... refulget)*, Letzterer *direkt* durch die Ekphrasis seiner Reliefbilder aus der konkreten Geschichte Roms.

Prosaautoren ziselieren ihre Aufzählungen nicht weniger und setzen bei ihren Lesern nicht weniger bedächtige, aufmerksame Versenkung ins formale Detail voraus. Will z. B. Sallust eine im Jugurthinischen Krieg verlotterte römische Armee beschreiben, so wählt er (*Iug.* 44,1) für den einen Tatbestand der Kampfunfähigkeit zum Ergötzen des Lesers gleich fünf syntaktische Variationen desselben:

Sed ubi in Africam venit, exercitus traditus a Sp. Albino proconsule iners imbellis, neque periculi neque laboris patiens, lingua quam manu promptior, praedator ex sociis et ipse praeda hostium, sine imperio et modestia habitus,

die wiederum raffiniert so arrangiert werden, dass jeweils eine paradoxe Formulierung – das Heer ist «*imbellis*/unkriegerisch», «*lingua quam manu promptior*/in Großmäuligkeit behänder als in Großtaten» und «plündert die eigenen Bundesgenossen aus, um sich selbst vom Feind ausplündern zu lassen» – mit einer sachlichen Feststellung abwechselt und der Begriff jedes Mal mit einer anderen Wortart (Adjektiv, aktives Partizip, Komparativ, Prädikatsnomen, passives Partizip) ausgedrückt wird.

Ein derart bewusstes, intensives Styling der griechischen bzw. lateinischen Literatursprache wird Autoren wie Lesern durch die antike Rhetorenschule, das Gegenstück zum heutigen Gymnasium, vermittelt, die ihren Bildungsauftrag weniger in der Charakterbildung ihrer Schüler oder deren Versorgung mit vielseitigem, kompetentem Wissen, sondern mehr in der Gewandtheit, Geschliffenheit, Eleganz des Ausdrucks verankert sah. Rhetorik war daher keineswegs auf die politische oder forensische Rede beschränkt, sondern durchtränkt die gesamte griechische bzw. lateinische Prosa und Poesie (abgesehen von den ältesten Stadien der beiden Literaturen); sie lehrt die angehenden Autoren nicht nur die verschiedenen Stilarten und das sprachliche Gestalten *(exornatio)* mittels rhetorischer Figuren und Tropen (wie Chiasmus, Metapher, Metonymie, rhetorischer Frage, Enthymem u. dgl.), sondern auch die Techniken der Stofffindung *(inventio)*, Gliederung *(dispositio)* und des klangvollen Vortrags *(pronuntiatio)* – eine Kategorie, die bei der modernen Sitte des schweigenden Lesens entfällt, für jeden antiken Text, der für den damaligen Usus des *lauten* Lesens bzw. Sich-vorlesen-Lassens geschrieben wurde, von erheblicher Bedeutung war.

Selbst in schlichteren Literaturgattungen wird der Stil mittels rhetorischer Figuren aufgehöht, wie ein beliebig herausgegriffener Abschnitt aus einer Versepistel des Horaz (*epist.* 1,18,86–95) demonstriert: Dort belehrt der Dichter einen jungen, vornehmen Freund, der in der römischen High Society reüssieren will, anhand verschiedener Beispiele über die Schwierigkeiten, die ihm der Snobismus römischer VIPs hierbei bereiten werde, und den Anpassungsdruck, dem er sich deswegen aussetzen müsse:

Dulcis inexpertis cultura potentis amici:
expertus metuit. Tu, dum tua navis in alto est,
hoc age, ne mutata retrorsum te ferat aura.
Oderunt hilarem tristes, tristemque iocosi,
sedatum celeres, agilem navumque remissi;
oderunt porrecta negantem pocula, quamvis
nocturnos iures te formidare tepores.
Deme supercilio nubem: plerumque modestus
occupat obscuri speciem, taciturnus acerbi.

Horaz variiert hier nicht nur die Grundstruktur des Passus, die Kontrastierung erwünschten und unerwünschten Verhaltens in der feinen Gesellschaft, sondern schmückt seine Variationen mit den verschiedensten rhetorischen Mitteln aus: Er beginnt mit einer *Antithesis (dulcis inexpertis/expertus metuit)*, die zugleich *chiastisch* angelegt und mit einer *Paronomasie* (Wortspiel *inexpertis/expertus*) verquickt ist, schließt daran die *Metapher* vom Lebenslauf als Seefahrt und von den Widrigkeiten als Gegenwind, um ab Vers 89 in fünf Gegensatzpaaren «Falsch» und «Richtig» zu explizieren. Diese werden durch die *Anapher* «oderunt ... oderunt» zusammengehalten, nach dem *Gesetz der wachsenden Glieder* von Fall zu Fall immer länger und bald *chiastisch (hilarem tristes/tristem iocosi)*, bald *parallel (sedatum celeres/agilem navumque remissi)* angeordnet, bei der Wortfolge «*tristes tristem*» als *Polyptoton* (Wiederholung desselben Wortes mit Wechsel der Endungen) und *Anadiplosis* (Wiederholung des letzten Glieds einer Wortgruppe am Anfang der nächsten) arrangiert. In «*deme supercilio nubem*», der Warnung, durch eine strenge Miene den Eindruck mangelnder Heiterkeit zu vermitteln, verbindet sich die *Synekdoche* (*supercilium* «Augenbraue» .statt «Miene»: sog. *pars pro toto*) mit der *Metapher* «*nubes*» («Wolke» statt «ernste Miene»), um in einen durch *Alliteration (occupat obscuri)* verzierten *Parallelismus* zu münden – über zehn rhetorische Figuren in neun Versen unprätentiösen Inhalts!

Ein ebenso überraschendes Beispiel aus Catulls Gedichten mag veranschaulichen, wie stark auch die anderen Teilgebiete der Rhetorik auf die Literatur einwirkten. Catull war ja in jungen Jahren von den Eltern nach Rom in die Rhetorenschule geschickt worden, wo er sich das Rüstzeug und die gesellschaftlichen Kontakte für eine spätere Karriere als Redner oder im Staatsdienst erwerben sollte, schon bald aber ganz auf seine dichterische Berufung und Begabung setzte. Das Einleitungspoem zur Sammlung seiner Gedichte, das er wohl kurz vor seinem frühen Lebensende verfasste, verbindet beides:

Wem nur widm' ich das nette neue Büchlein,
das der trockene Bimsstein just geglättet?
Dir, Cornelius! Denn du pflegtest was von
meinen Sächelchen damals schon zu halten,
als du's wagtest – als erster Römer wagtest –
Weltgeschichte zu lehrn in dreien Bänden,
hochgelehrten, bei Gott, und mühevollen!
Drum sei dein, was in diesem Büchlein drinsteht
und was dran ist. O gib, Schutzherrin Muse,
daß es länger als ein Jahrhundert daure!

(O. Weinreich)

Bei aller Originalität und Gefälligkeit der Ausführung folgt das Gedicht doch einem in der Rhetorenschule üblichen Schema für das Verfertigen von Proömien, dem zufolge der Leser durch Nennung des Inhalts sachkundig *(doctus)*, durch Hervorheben der besonderen Wichtigkeit des Themas oder der Brillanz seiner künstlerischen Gestaltung neugierig und lesewillig *(attentus)* zu machen und schließlich die Geneigtheit *(benevolentia)* des Publikums hervorzulocken ist, indem man den stets etwas großspurigen Hinweis auf das Exquisite des vorliegenden Buchs durch bescheidenere Äußerungen über Autor und Werk wieder abmildert. Auf ebendiesem rhetorischen Dreischritt basiert das ganze Einleitungsgedicht, das mit Angaben wie *libellus* oder *nugae* die Sachinformation, mit der Zitierung des sachverständigen Kunsturteils des Cornelius Nepos – der durch die Anspielung auf seine Weltchronik als Literat, durch das Lob auf deren geglückte Komprimierung auf nur drei Bände als ein gerade für Catulls dezidiert kleine, kurze Gedichte kompetenter Kunstrichter ausgewiesen wird – das Interesse der Leser weckt und schließlich mit der gespielt bescheidenen Umschreibung dieser Gedichte als *nugae* («Sächelchen»), des Gedichtbandes als *quidquid hoc libelli qualecumque* («dieses Büchlein, was immer und wie immer es sein mag») und der (Catulls sonstiges Selbstbewusstsein als Dichter verschleiernden) Bitte an die Muse um die Gewährung von Nachruhm an das Wohlwollen der Leser appelliert – dem Unterricht seiner Rhetoriklehrer hat Catull offenbar aufmerksam zugehört.

Das große Gewicht, das Form und Stil in der antiken Prosa und Poesie zukommt, hat für Studierende die Konsequenz, dass für das Verstehen und Interpretieren griechischer oder römischer Texte sowohl eine gute Kenntnis der Rhetorik als überhaupt die Bereitschaft erfordert wird, neben dem Inhalt mit gleicher Aufmerksamkeit Fragen der Gestaltung und Formung nachzugehen. Für die antiken Autoren selbst ergab sich daraus, dass keiner direkt in seinem eigenen, individuellen, unverwechselbaren Stil und Duktus schreibt, sondern sich in größerem Maß entpersönlichten, allgemeinen Stil- und Ausdrucksformen, wie sie eben die Rhetorik lehrt, unterwirft. Hinzu kommt, dass – analog zum Gattungszwang – Stilart und Stilhöhe einer Literaturgattung dem Autor von der Tradition her vorgegeben und vorgeprägt sind, was wiederum die persönliche Ausdrucksweise hemmt und beschneidet. Infolgedessen findet sich bei Autoren, die in mehreren Gattungen publizierten, kein einheitlicher, gleicher, also eben ihr persönlicher Stil, vielmehr wechselt der Verfasser «seinen» Stil von Gattung zu Gattung, was zu recht auffälligen Diskrepanzen innerhalb des Œuvres eines Autors führen kann: So schreibt z. B. Tacitus seinen *Dialogus de oratoribus* in einem (hinsichtlich Wortwahl, Periodensätzen, Rhetorisierung) klar ciceronischen Stil, um sich der vom Begründer der Literaturgattung *Dialog* in Rom, Cicero, vorgeprägten Tradition anzupassen, seine historischen Werke (Annalen, Historien) dagegen in einem sich durch kurze und wortkarge, zur Kette aneinander gereihte, bis zur Undurchsichtigkeit komprimierte oder pointierte Sätze auszeichnenden Stil, der die (ihrerseits wiederum auf die Schreibweise der altlateinischen Historiker beruhenden) Stilvorgaben seines Vorgängers in dieser Sparte, Sallusts, fortführt. Man hielt früher Letzteres für Tacitus' eigenen, persönlichen Duktus und den *Dialogus* deswegen für ein unechtes, ihm unterschobenes Werk von fremder Hand oder suchte die Diskrepanz genetisch aus einer Entwicklung des Prosaisten Tacitus vom Rhetorikschüler, der in seinem (deshalb als Jugendwerk angesehenen) *Dialogus* noch unselbständig in den Ausdrucksformen seiner ciceronisierenden Lehrer verharre, hin zum reifen, selbstbewussten Geschichtsschreiber, der endlich zu seinem eigenen Ausdruck gefunden habe, zu erklären: Erst der zunehmende Einblick der Philologen in die spezifischen Gegebenheiten des Phänomens «Stil» in der Antike ließ erkennen, dass hier ein und derselbe Autor nebeneinander zwei vorgegebene, unpersönliche Stilmuster sich je nach der gerade zu bearbeitenden Gattung anverwandelte. Mit solcher Fähigkeit zum Stilwechsel kokettiert Cicero einmal ausdrücklich, wenn er abweichend vom rhetorisch-fülligen, an Nebensätzen reichen Periodenstil seiner sonstigen philosophischen Werke die *Paradoxa Stoicorum* (46 v. Chr.) im so genannten Diatribenstil, der Ausdrucksform einer betont popularisierenden, ein einfaches und rhetorikfernes Publikum belehrenden Gattung philosophischer Schriftstellerei, abfasst und dies im Vorwort ein Stilexperiment nennt:

> *Illa ipsa, quae vix in gymnasiis … Stoici probant, <u>ludens</u> conieci in communes locos. Quae quia sunt admirabilia contraque opinionem omnium …, <u>temptare</u> volui possentne proferri in lucem … et ita dici, ut probarentur, <u>an alia quaedam esset erudita, alia popularis oratio.</u>*

Im schönen Dialogstil, zu dem dieses Vorwort das bei Cicero übliche rhetorische Verzieren *(flos orationis)* und breitere, mit Worten nicht geizende Ausführen *(dilatare argumentum)* rechnet, lautet z. B. das stoische Paradox, alle Abweichungen von der Tugendnorm wögen gleich schwer und könnten nicht in lässlichere und gravierendere Fehler differenziert werden, folgendermaßen *(fin.* 4,9,21):

> *Omnium insipientiam iniustitiam aliaque vitia similia esse, omniaque peccata esse paria, eosque, qui natura doctrinaque longe ad virtutem processissent, nisi eam plane consecuti essent, summe esse miseros, neque inter eorum vitam et improbissimorum quicquam omnino interesse, ut Plato, tantus ille vir, si sapiens non fuerit, nihilo melius quam quivis improbissimus nec beatius vixerit.*

Transponiert man diese ausgedehnte Periode mit ihrem rhetorischen Zierrat (schon die ersten elf Wörter weisen eine Anapher, einen Chiasmus, ein Trikolon und eine Klimax auf: <u>omnium</u> *insipientiam iniustitiam aliaque vitia <u>similia esse omniaque peccata esse paria</u>*) in schlichten, um laienhafte Verständlichkeit bemühten Diatribenstil, dem Cicero vor allem die Neigung zu klein gehackten Sätzen und rhetorischer Anspruchslosigkeit nachsagt, nimmt der Stil desselben Autors Cicero eine ganz andere, unciceronisch scheinende Gestalt an (*parad.* 3,1,20):

> «*Parva*», *inquis*, «*res est*». *At magna culpa. Nec enim peccata rerum eventu, sed vitiis hominum metienda sunt. In quo peccatur, id potest aliud alio maius esse aut minus, ipsum quidem illud peccare, quoquo verteris, unum est. Auri navem evertat gubernator an paleae, in re aliquantulum, in gubernatoris inscitia nihil interest. Lapsa est libido in muliere ignota: dolor ad pauciores pertinet quam si petulans fuisset in aliqua generosa ac nobili virgine – peccavit vero nihilo minus, siquidem est peccare tamquam transire lineas, quod cum feceris, culpa commissa est. Quam longe progrediare, cum semel transieris, ad augendam culpam nihil pertinet* …

Diese stilistische Wandelbarkeit, die der modernen Konzeption des einen, unverwechselbar persönlichen Stils eines Autors zuwiderläuft, begegnet ebenso bei Aristoteles, der seine Kollegschriften (d. h. das, was heute seine Philosophischen Schriften genannt wird) im trockenen, anspruchslosen Ton der Lehrschrift, seine Dialoge (d. h. das, was er für das literarisch gebildete Publikum an Philosophischem publizierte) jedoch, wie Fragmente noch erkennen lassen, im platonisierenden, schönen Stil schrieb, wie bei Caesar, dessen *Commentarii* einen nüchtern-sachlichen Rapport vortäuschen und deshalb mit einem Wortschatz von nur 2600 Vokabeln (für nicht weniger als zehn Bücher) und ganz ohne Rhetorik auskommen, dessen Reden aber, wie wiederum aus Fragmenten hervorgeht, jene Wort- und Figurenfülle anwenden, die nun einmal von der Literaturgattung *Rede* erwartet werden darf. Vergil wählt für seine *Hirtengedichte* den zarten, feinen, geglätteten Duktus der hellenistischen Poesie, der er diese Gattung entnahm, für die *Aeneis* dagegen in Anlehnung an die uralten Epen Homers einen merklich anderen, kräftigeren und schwerfälligeren Stil; Horaz dichtet seine der Reflexion über die Lebenskunst gewidmeten *Oden* in einem mosaikartigen (so Nietzsches unübertrefflicher Ausdruck), verflochtenen, im Ton erlesenen und in der Metrik makellosen Stil, seine gewollt volkstümlichen *Satiren* aber trotz vergleichbaren Anliegens in gewollt unkomplizierten, metrisch nicht selten holprig gestalteten, die Dinge eher geradeheraus beim Namen nennenden Versen; Apuleius' Roman *Der Goldene Esel* ist in durch und durch rhetorischen, überladenen und manierierten Sätzen geschrieben, seine Lehrschriften über die mittelplatonische Philosophie so einfach, sachbezogen und unprätentiös abgefasst, dass deren Echtheit erst um 1960 definitiv erwiesen werden konnte.

Das geringere Gewicht der Individualität, das den Einzelnen in der griechischen Philosophie unter die allgemeine Idee (Platon) oder Wesenheit (Aristoteles) des Menschen subsumiert, in Rom dem für alle gleichen *mos maiorum* unterwirft, richtet nicht nur Stil und Ausdrucksweise der antiken Autoren nach überindividuellen Forderungen der Gattung und der Rhetorik aus, sondern lässt auch innerhalb eines Werks die handelnden Personen dem so genannten *Gesetz der Stileinheit* unterliegen. Unabhängig von tatsächlichen sozialen oder kulturellen Unterschieden sprechen daher in antiken Texten Barbaren wie Griechen bzw. Römer, Sklaven wie Herren auf demselben Stilniveau: Caesars Germanen- oder Gallierhäuptlinge im typischen Berichtsstil des *Commentarius*, Sallusts Caesar in sallustischer, nicht in seiner persönlichen Ausdrucksweise (*Cat.* 51), die Sklaven bei Plautus oder Terenz entgegen ihrer faktischen Unkenntnis der lateinischen Herrschaftssprache nicht anders als ihre Herren (nur Petron, der dem in der Antike sonst kaum bekannten Prinzip des Realismus huldigt, differenziert das Personal seines Romans auch in Sprache und Stil). Diese heutigen Lesern eher ungewohnte Idealisierung, die in der antiken Literatur auftretende historische Persönlichkeiten nicht als authentisch porträtiert, hat ihr schlagendstes Beispiel in einer Rede des Kaisers Claudius über das Problem der Öffnung römischer Staatsämter für gallische Honoratioren: Sie ist im Originalton auf einer Bronzeinschrift (*CIL* 13,1668) aufgezeichnet, in Tacitus' Wiedergabe (*ann.* 11,24) aber trotz identischem Tenor in Wortwahl, Ausdruck, Stil ganz anders, nämlich taciteisch, formuliert. Während z. B. der authentische Claudius beim Beweis, dass Rom von alters her Erweiterungen und Änderungen staatlicher Strukturen offen stand, auf sein Hobby, die antiquarische Geschichtsforschung, abschweift:

Muß ich erst darauf hinweisen, daß unsere Vorfahren der Amtsgewalt eines Dictators vor der der Konsuln den Vorzug in schwereren Kriegen oder ernsteren Bürgertumulten gaben? daß zur Unterstützung der Plebs die Volkstribunen eingeführt wurden? von den Konsuln die Regierungsgewalt auf die Zehnmänner übertragen und nach deren Beseitigung wieder zurück auf die Konsuln verlagert wurde? daß die Amtsgewalt der Konsuln auf mehr Personen verteilt und Militärtribunen mit konsularischer Befugnis berufen wurden, sieben, manchmal acht an der Zahl? daß schließlich nicht nur an den Staatsämtern die Plebs Anteil erhielt, sondern auch an den Priestertümern?

und nicht sonderlich geschickt selbst kurzlebige (Zehnmänner) und längst wieder aufgegebene *(tribuni militares consulari potestate)* Verfassungsänderungen anführt, sogar die für das aktuelle *politische* Problem kaum beweiskräftigen Neuerungen im *religiösen* Bereich heranzieht, um möglichst vollständig zu referieren, lässt ihn Tacitus dasselbe in dem für seine Geschichtswerke typischen, knappen, aber pointierten Stil vorbringen:

Alles, ihr Senatoren, was heute für althergebracht gilt, war einmal neu: plebeische Magistrate entstanden nach den patrizischen, latinische nach den plebeischen, italische nach den latinischen. So wird auch die heutige Neuerung Tradition werden und das, was wir heute durch Beispiele aus der Vergangenheit unterstützen, selbst zum Beispiel werden.

Die schlagkräftige Straffung der Argumentation, die geschickte Beschränkung der historischen Beispiele auf die *dauerhafte* Öffnung der Magistrate für immer neue Außenstehende (Plebeier, Latiner, Italiker – die Fortsetzung «Gallier» kann keinem Zuhörer mehr fern liegen), die rhetorische Ausgestaltung zur auffälligen Figur des *doppelten* Kyklos (*plebei magistratus post patricios*, LATINI *post plebeios, ceterarum Italiae gentium post* LATINOS), die ebenfalls doppelte Pointe aus dem Wechselspiel zwischen Tradition und neuem Beispiel – all dies fehlte in der originalen Redeweise des Claudius, entspricht aber gänzlich dem Stil des *Historikers* Tacitus.

5. Der antike Originalitätsbegriff

Eine (von Außenstehenden oft belächelte) Eigentümlichkeit der Klassischen Philologie ist das ständige Zitieren von Parallelstellen zu einer einzelnen Formulierung, einem literarischen Motiv, einer Textstruktur, wofür die Zitatennester in den Kommentaren und die so genannten Similienapparate, die sich in manchen Textausgaben zusätzlich zum textkritischen Apparat am Fuß der Seiten finden, charakteristisch sind. Dies hat zum Teil seinen Grund darin, dass Befunde aus einer versunkenen Kultur stets der Vergleichung mit ähnlichen Befunden bedürfen, um überhaupt verstanden bzw. richtig (als einmalige, beispiellose oder als verbreitete, typische Phänomene) eingeschätzt werden zu können, in der griechisch-römischen Literatur jedoch seine Ursache weit mehr darin, dass für deren Autoren in der Regel «das Bildungserlebnis ... zum Urerlebnis» (E. Fraenkel) wurde, sie sich also sowohl im Kleinen einer einzelnen Formulierung oder Verszeile wie im Großen der Gestaltung eines ganzen Abschnitts oder Werks an Vorbilder, herausragende Werke von Vorgängern in der jeweiligen Gattung, anschlossen – nicht, wie man noch im 19. Jahrhundert meinte, um diese kopierend, unselbständig, unoriginell nachzuahmen *(Imitatio)*, sondern um sie umformend, umdeutend, überhöhend, verschönernd, zuspitzend, in andere Motivzusammenhänge übertragend fortzuführen und weiterzuentwickeln, mit den Mitteln der Vorgänger nicht nochmals dasselbe zu sagen, sondern etwas mit deren Aussage Konkurrierendes, Äquivalentes zu schaffen *(Aemulatio)*. Das eigene Talent sollte weniger durch eine die Tradition beiseite fegende Genialität und Originalität brillieren, sondern eher durch den Wettstreit mit und die Weiterarbeit an dem von der Tradition, den Vorbildautoren Vorgegebenen unter Beweis gestellt werden. Wenn z. B. Horaz seine berühmte Kleopatra-Ode *(carm.* 1,37) mit einer Zeile aus dem Triumphgedicht des äolischen Lyrikers Alkaios über den Tod des samischen Tyrannen Myrsilos:

> Jetzt soll man zechen, trinken nach Herzenslust,
> ihr Freunde: tot ist endlich nun Myrsilos

einleitet, um den Sieg des Augustus über Antonius und Kleopatra, die Todfeinde des Römischen Reichs, zu feiern:

> *Jetzt heißt es trinken,* jetzt mit dem freien Fuß
> die Erde stampfen, *Freunde,* jetzt war es Zeit
> nach Salierbrauch den Pfühl der Götter
> reichlich zu schmücken zum Dankesmahle,

so geschieht dies nicht einfach aus Bequemlichkeit oder mangelnder Originalität, sondern die Reminiszenz soll dem Triumph über die Feindin literarische Würde verleihen und das allzu Persönlich-Gehässige nehmen, zugleich aber auch durch die Übertragung des Motivs aus der kleinen Welt des politischen Streits auf der archaischen Insel Samos in die weltgeschichtliche Dimension des Kampfs um Rom und sein Reich das eigene, originelle Können des «Nachahmers» Horaz dokumentieren.

Die Bezugnahme antiker Autoren auf Vorbilder geschieht daher seltener nur aus unbewusster Erinnerung an frühere Lektüre, was man heute «Bildungshorizont» nennen würde, häufiger jedoch absichtlich, erkennbar, manchmal – wie das obige Beispiel zeigt – fast wörtlich, um den Leser zum Vergleich zwischen Original und Nachbildung einzuladen und dadurch das Originelle, Neuartige der Letzteren erfahren zu lassen. So rühmt sich bezeichnenderweise Horaz im Epilog seiner lyrischen Gedichtsammlung (*carm.* 3,30) nicht damit, die Gattung Lyrik für die lateinische Literatur geschaffen zu haben, sondern lieber damit, das *carmen Aeolium,* die Dichtkunst der äolischen Lyriker Sappho und Alkaios, nach Rom verpflanzt zu haben:

> Mich nennt mancher, wo wild brauset der Aufidus,
> und wo, dürftig der Flut, Daunus den ländlichen
> Völkerstämmen geherrscht: daß ich, aus niederem
> hoch, der erste gelenkt Aeolerharmonie
> zum italischen Laut …
>
> (J. H. Voss)

Da die Griechen sich den Römern zwar politisch geschlagen geben mussten, kulturell jedoch immer überlegen fühlten, wählen ihre Autoren sich die Vorbilder allein aus der griechischen Literatur; in

54

Rom können dagegen ebenso gut lateinische wie griechische Werke zum Vorbild neuer Schöpfungen werden: Ovids Elegie 2,6 über den verstorbenen Papagei seiner Geliebten setzt Catulls Gedicht 3 über den Tod von Lesbias gefiedertem Schoßtierchen voraus, Catulls Liebesgeständnis an Lesbia (51) basiert bis auf die Schlussstrophe auf Sapphos berühmtem Agallis-Gedicht, Catulls Epyllion (64) beruht auf einer griechischen Vorlage, benutzt aber zum Eingang Verse aus Ennius' Medeatragödie (die selbst wieder, allerdings mit chronologischen «Verbesserungen», aus Euripides' *Medea* übernommen sind).

Wegen der Anlehnung an griechische Muster galt die römische Literatur bis ins 20. Jahrhundert weder als originell noch als authentisch, was im 19. Jahrhundert zu Schulreformplänen in Deutschland und Frankreich führte, die das Lateinische als Sprache des Abklatsches im Unterricht weit zurückdrängen und das Griechische als Sprache des Ursprünglichen, Echten stark in den Vordergrund rücken wollten. Erst die Philologie des 20. Jahrhunderts nahm den *Aemulatio*-Gedanken, den schon Cicero im Proöm seiner *Tusculanae Disputationes* ausgebreitet hatte (wo Rom kulturell hinter Hellas zurückbleibt, hat es den Wettkampf noch gar nicht begonnen, wo es aber diesen aufnahm, ist es den Griechen längst ebenbürtig), ernst und entdeckte, wie gerade unter der griechischen Gewandung römische Texte Eigenes, Originales, Römisches artikulieren, wie griechische Vorbilder das eigene, genuine Fühlen und Denken schärften und sichtbar machten. Das Vergleichen antiker Texte mit ihren (bekannten oder vermuteten, erhaltenen oder rekonstruierten) Vorbildern, insbesondere römischer Texte mit deren griechischen Mustern, ist daher zu einer grundlegenden Forschungsrichtung innerhalb der Klassischen Philologie geworden (weshalb jedem Lateinstudenten über das Graecum Griechischkenntnisse abverlangt werden) und gewinnt als Möglichkeit, Schülern an diesem antiken Präzedenzfall das Befruchtende, Befreiende der Begegnung mit einer fremden Kultur und Literatur vor Augen zu führen, Aktualität.

Auch hier dürften Beispiele das Phänomen fassbarer machen und künftigen Philologiestudenten einen Vorverweis auf das in Seminaren zu Leistende geben. Die altlateinische Komödie (Plautus, Terenz) gibt sich ausdrücklich als Übertragung der hellenistischen Komödie (Menander, Diphilos) ins Lateinische; im Prolog der Stücke wird daher fast immer die griechische Vorlage angegeben, z. B.

> Κληρούμενοι *vocatur haec comoedia*
> *Graece, Latine Sortientes. Diphilus*
> *hanc Graece scripsit, postid rusum denuo*
> *Latine Plautus cum latranti nomine*
> <div align="right">(Plautus, <i>Cas.</i> 31–34)</div>

> *Nunc quid velim animum attendite: apporto novam*
> *Epidicazomenon quam vocant comoediam*
> *Graeci, Latini Phormionem nominant*
> <div align="right">(Terenz, <i>Phorm.</i> 24–26),</div>

nicht als Eingeständnis eigener Unselbständigkeit, sondern als Gütesiegel für die trotz Latinisierung *griechische* Qualität des Stücks. Da die hellenistische Komödie bis auf Bruchstücke verloren ging, haben erst späte Papyrusfunde mit Komödien Menanders den Vergleich dieser lateinischen Nachdichtungen mit ihren griechischen Originalen ermöglicht, am besten im Fall der plautinischen *Bacchides* (aufgeführt 189 v. Chr.), für die seit 1968 größere Papyrusbruchstücke der griechischen Vorlage, Menanders Δὶς Ἐξαπατῶν *(Der Doppelbetrüger)*, bekannt sind. Das Stück handelt von einem jungen Mann, der eine Affäre mit einem leichten Mädchen namens Bacchis (dass sie eine Schwester gleichen Namens hat, weiß er allerdings nicht) unterhält, während einer vom Vater verfügten Geschäftsreise das Mädchen seinem besten Freund anvertraut, was dazu führt, dass dieser nun mit der zweiten Bacchis anbandelt. Bei der Rückkehr erfährt der Reisende, sein Freund treibe es «mit Bacchis», bezieht das in begreiflicher Eifersucht auf seine eigene Geliebte und stößt nun beide, den vermeintlich falschen Freund und die angeblich treulose Freundin, zurück. Als endlich im Streitgespräch der beiden Freunde die Wahrheit ans Licht kommt, hat der voreilige Liebhaber seine liebe Not, die verstoßene Freundin, die inzwischen einem anderen Freier zugesagt wurde, wieder zurückzubekommen, was nur mit Hilfe mehrerer Betrugsmanöver (daher der Titel der Komödie) gelingt. Das entscheidende Streitge-spräch der beiden Freunde Moschos und Sostratos gestaltete Me-nander knapp, auf das Wesentliche, die Aufklärung des Irrtums, konzentriert:

M: Sei mir gegrüßt, Sostratos!
S: Du auch!
M: Was bist du so traurig und mürrisch, sag mir, und was schaust du so, als wollest du weinen? Du hast doch nicht etwa hier eine böse Überraschung vorgefunden?
S: Doch.
M: So sprich! Und komm doch her – sie ist ja drinnen!
S: Nein, laß nur, Moschos!
M: Wie?
S: ... der zuvor mein Freund war
    ... du hast mir Unrecht getan.
M: Ich dir Unrecht tun? Das möge nie geschehen, Sostratos!
S: Ich hätte das selbst auch nicht gedacht.
M: Was meinst du denn nur?

(V. Pöschl)

Trotz dieser Kürze versteht es Menander, Sostratos' Verbitterung durch den Kontrast zum Redeschwall des arglosen Moschos fühl-bar zu machen, die Sensibilität des Moschos für die Stimmung des Freundes und seine Bereitschaft, den Freund anzuhören, zu be-schreiben – die Komik, dass die beiden ja aneinander vorbeireden, ist aber kaum ausgedrückt. Ebendiese rückt nun der «Übersetzer» Plautus (*Bacch*. 536 ff.) entschieden in den Vordergrund, um die Erheiterung der Zuschauer nicht so zu vernachlässigen wie sein griechisches Vorbild:

P: Sei gegrüßt, Mnesilochus!
M: Du auch!
P: Gesund bist du aus fremdem Land zurückgekehrt: heute abend speisest du bei mir.
M: Mich lüstet nicht nach einem Essen, das die Galle mir erregt.
P: Kam dir bei deiner Ankunft etwas so verquer, das dich verdrießlich macht?
M: Ja, das gar sehr!

P: Woher denn?

M: Von einem, den bisher für meinen Freund ich hielt.

P: Die Sorte gibt es viele, die man für Freunde hält, während Betrug und Falschheit hinter ihnen steckt. Rasch sind sie mit der Zunge, doch zum Handeln träg, und ihre Treue hält nicht stand. Jeden, dem das Glück hold ist, den beneiden sie; doch sie, sie schützen sich durch ihre Trägheit gegen fremden Neid.

M: Beim Pollux, du kennst diesen Schlag recht gut. Doch ihre Schlechtigkeit bekommt ihnen recht schlecht: sie haben keinen Freund, die ganze Welt zum Feind. Und während sie die andern zu betrügen wähnen, betrügen sie sich selbst. So steht's mit dem, von dem ich stets geglaubt, er sei mein Freund, so echt wie ich mir selber Freund. Er war, soviel er konnte, drauf bedacht, wie er mir schaden könnt' und alles, was ich habe, an sich zu bringen durch Betrug!

P: Das muß ein übler Schurke sein!

M: Das meine ich auch.

P: Ich bitte dich, beim Herkules, sag, wer das ist.

M: Dir ist er wohlgesonnen. Wär' er dieses nicht, so bät' ich dich, ihm soviel Übles anzutun, wie du nur kannst.

P: Sag mir nur, wer der Kerl ist: wenn ich's ihm nicht – egal wie – heimzahle, nenn' mich einen Schuft!

M: Er ist ein schlechter Mensch, jedoch dein Freund fürwahr.

P: Drum sag's mir umso mehr: mit einem Lumpenkerl befreundet sein, das liegt mir wirklich nicht.

M: Ich sehe schon, es kann nicht anders gehn, der Name muß heraus: du, Pistoclerus, bist's! Du hast mich, deinen Freund, vernichtet ganz und gar!

P: Was ist denn das?

Schon der größere Umfang der Szene verrät, wie viel Eigenes hier Plautus zu seiner Vorlage, deren Struktur und Verlauf er durchaus folgt, hinzugedichtet hat – hauptsächlich in der Absicht, den komischen, Lachen hervorrufenden Effekt wirksam zu machen, dass das Publikum schon längst über die Missverständnisse der beiden Bühnenhelden aufgeklärt ist, Pistoclerus aber immer noch ahnungslos mit seinen gut gemeinten Tiraden gegen falsche Freunde sich selbst trifft und zugleich der ebenso kurzsichtige Mnesilochus völlig grundlos über die Niedertracht ebendieses wahren Freundes Pistoclerus lamentiert: Der Kontrast zwischen bereits besser informierten Zuschauern und Bühnenfiguren, die seltsamerweise noch immer nicht begreifen, gehört ja zu den Grundkonstellationen komischer Dichtung, ebenso die hier zu beobachtende Technik des Plautus, diesen Kontrast mehrmals hintereinander auszuspielen und das Publikum von Stufe zu Stufe mehr über so viel Begriffsstutzigkeit lachen zu lassen. So behält der angebliche «Übersetzer» Plautus nicht nur Menanders Vorgaben, darunter auch das Motiv des solidarischen, dem Freund Mnesilochus zuliebe selbst die eigenen Vertrauten verleugnenden Freundes bei, sondern macht die Szene mit der bei Menander arg vernachlässigten Komisierung zu seiner eigenen, doch originalen Schöpfung. Die ältere, autorbezogene Forschung leitete dies von Plautus' besonderer Neigung und Begabung her, die moderne, rezeptionsästhetische Literaturwissenschaft erblickt die Ursache der Umgestaltung eher im damaligen Geschmack des römischen, auf Komik erpichten Theaterpublikums, der Plautus Menanders «Defizit» durch eigene Erfindungsgabe beheben hieß.

Doch auch bei viel engerem Anschluss an den Wortlaut des Vorbilds erlaubt die *Aemulatio* genügend Möglichkeiten zu selbständiger Gestaltung bzw. Nachgestaltung der Vorlage, wie besonders instruktiv das aus Sapphos Agallis-Gedicht hervorgegangene poetische Liebesgeständnis Catulls gegenüber Lesbia (51) zeigt. Sappho, deren Beruf es war, junge Damen aus dem Adel der Insel Lesbos (durch Unterricht in feiner Art, Anmut, Musik, Tanz) gesellschaftsfähig zu machen, schrieb ihr Gedicht aus einem *konkreten*, einmaligen Anlass, wie ja überhaupt archaische Lyrik situationsgebunden ist: Die liebreizende Agallis, eine ihrer «Schülerinnen», sitzt bei einer Soirée einem Mann, wahrscheinlich ihrem Verlobten oder Bräutigam, gegenüber, was die Dichterin vor lauter Bewunderung für das schöne Mädchen in ein geradezu erotisches Geständnis ihrer eigenen Sympathie ausbrechen lässt:

Scheinen will mir, daß er den Göttern gleich ist,
jener Mann, der neben dir sitzt, dir nahe
auf den süßen Klang deiner Stimme lauscht und,
    wie du voll Liebreiz
Ihm entgegenlachst: doch, fürwahr, in meiner
Brust hat dies die Ruhe geraubt dem Herzen.
Wenn ich dich erblicke, geschieht's mit einmal,
    daß ich verstumme.
Denn bewegungslos liegt die Zunge, feines
Feuer hat im Nu meine Haut durchrieselt,
mit den Augen sehe ich nichts, ein Dröhnen
    braust in den Ohren,
Und der Schweiß bricht aus, mich befällt ein Zittern
aller Glieder, bleicher als dürre Gräser
bin ich, bald schon bin einer Toten gleich ich
    anzusehen, Agallis.
Aber alles muß man ertragen …

                        (M. Treu)

Das Gedicht dient offenbar dem Lobpreis des schönen Mädchens
(vielleicht während ihrer Hochzeitsfeier) vor dem Bräutigam: Er
ist, da er Agallis' Nähe genießen darf, in Sapphos Augen vor Glück
schon mehr als ein Mensch, Sappho selbst ist von Agallis' Anmut
und Ausstrahlung verzückt wie ein Verliebter – genauer, fast verzückt, da sie sich in der letzten noch erhaltenen Zeile des Gedichts
eben doch zum «Ertragen», Hinnehmen der den Mann begünsti-
genden Situation aufzuraffen vermag. So begründet Sappho im
Nachhinein mit ihrer Leidenschaft für Agallis die Behauptung der
Eingangsstrophe, das Glück ihrer Nähe gehe über das menschliche
Maß hinaus.

Oberflächlich betrachtet, klingt Catulls «Nachahmung» recht
ähnlich (jedenfalls bis zur Schlussstrophe) und daher kaum originell:

Wie ein Gott, so will mir der Mann erscheinen,
mehr als Gott – so dieses zu sagen statthaft –,
der genüber sitzend nur immerfort dich
    anblickt und hört dein

Süßes Lachen! Wahrlich um alle Sinne
bringt dies mich Unseligen. Wenn mein Blick nur
dir begegnet, Lesbia, gleich verstummt, ach
    Lesbia, meine
Stimme, starrt die Zunge, ergießt sich lohend
Feuer in die Glieder, im Ohre klingt's und
dröhnt's, die Augensterne umschattet doppelt
    nächtliches Dunkel.
Müßiggang, Catullus, erweckt dir Leiden,
Müßiggang verlockt dich zu frechem Schwärmen,
Müßiggang hat Könige einst gestürzt und
    blühende Städte.

                                        (O. Weinreich)

Aber bereits im Formalen zeigt sich das Eigenständige dieser Nach-
dichtung: Während Sappho in archaischer Manier die einzelnen
Symptome ihrer Begeisterung nur aneinander reiht, fasst Catull sie
gleich zu Anfang der zweiten Strophe unter einem ankündigenden
Oberbegriff zusammen: «*um alle Sinne/bringt* dies mich Unseligen»; während Sappho noch ungeniert selbst die körperlichen Indizien (Schwitzen, Erbleichen) ihrer Schwärmerei für Agallis beim
Namen nennt, zieht Catull es distinguierter vor, nur die sagbare-
ren, romantischen Phänomene (Strophe III) vorzuführen und Sapphos vierte Strophe ganz wegzulassen; während Sappho das Glück
des Bräutigams darin erblickt, dass er Agallis' süße Stimme und
reizendes Lachen aus nächster Nähe *hören* darf, preist Catull denjenigen, der Lesbia «*immerfort anblickt ...* und hört», göttergleich
und sogar, wovon Sappho überhaupt nicht spricht, den Göttern
noch überlegen; während Sappho Auge und Ohr nur als eines unter den vielerlei Symptomen ihrer Leidenschaft mit aufzählt, stellt
Catull sie betont ans Ende seiner Schilderung des eigenen, andersartigen Erlebens und lässt sie (aus Gründen der künstlerischen
variatio in umgekehrter Reihenfolge) mit der Kraft des Göttergleichen, Lesbia unentwegt, unbewegt *anzusehen* und *anzuhören*, kor-
respondieren: «im Ohre klingt's und/dröhnt's, die Augensterne
umschattet doppelt/nächtliches Dunkel».
Der markante *Gegensatz* zwischen dem Göttergleichen, der Les-

bia beherrscht standzuhalten vermag, und dem «unseligen» Catull, der, durch Lesbias Anblick und Ausstrahlung sogleich aller Sinne beraubt, an Stimme, Auge und Ohr gelähmt ist, fehlt in Sapphos Gedicht, das mit der Vergöttlichung von Agallis' Bräutigam und dem Bekenntnis der eigenen Begeisterung für das Mädchen zweimal *dieselbe* Aussage macht. Catull meint nicht einen konkreten, benennbaren Mann aus Lesbias Gefolge, sondern spricht allgemein, fast theoretisch von einem, der Lesbias Reizen gegenüber cool und kontrolliert bleiben könnte und dazu nicht nur göttlicher, sondern sogar göttliches Maß übersteigender Kraft bedürfte (eine poetische Umschreibung dafür, dass nach Catulls Eindruck eben kein Mann regungslos, gelassen Lesbias Nähe ertragen kann), und kontrastiert damit *seine* Verwirrung und Erschütterung beim Anblick dieser einmaligen Frau. Während Sappho die verliebte Symptomatik zum Lobpreis von Agallis' Schönheit und Liebreiz nutzt, drückt Catull mit ihr seine eigene Leidenschaft für und Betroffenheit durch Lesbia aus – das Gedicht schließt daher zwar wie Sappho mit einer reflektierenden Strophe, jedoch nicht wie das Vorbild mit einem Appell zur Räson, sondern mit der Erkenntnis des unrettbaren Verfallenseins an die alles, selbst Reiche und Städte verzehrende Macht des *otium*, das nach antiker Liebestheorie die Wurzel der Verliebtheit bildet. Trotz unverhüllter Anlehnung an das sapphische Original ist Catulls Gedicht also doch keine Nachahmung, sondern ein eigenständiges Gebilde, das den Vergleich mit dem griechischen Vorbild, den es mit der sichtbaren Ähnlichkeit provozieren will, keineswegs scheuen muss.

Auch die Übernahme der Konzeption eines ganzen Werks ist mit dem Begriff *Aemulatio* adäquat zu beschreiben, wie besonders gut Vergils *Aeneis* erkennen lässt. Mit diesem Epos vom Helden Aeneas, der nach Trojas Untergang mit den wenigen Überlebenden auf göttliches Geheiß in das ihm unbekannte Hesperien (Italien) segeln sollte, trotz jahrelanger Irrfahrten und mancher Versuchung (die Königin Dido bot ihm ihre Hand und die Herrschaft über Karthago an, so wie die Zauberin Kirke Odysseus vom Weiterfahren abbringen wollte) gehorsam am Auftrag der Götter festhielt und nach der geglückten Landung im verheißenen Land noch immer nicht am Ziel war, sondern erst in langwierigen Mühen und Kämpfen den Einheimischen einen Platz für sich und seine Gefährten abtrotzen musste, plante Vergil, die beiden Heldenepen Homers in die lateinische Literatur zu übertragen, um Homers Würde eines Nationaldichters der Griechen nun analog für sich im Bereich der römischen Kultur zu reklamieren.

Die Anlehnung an Homer bedeutet in diesem Fall nicht allein, dass über die Hälfte aller *Aeneis*verse in dessen Epen, allerdings meist in anderem Zusammenhang oder Tenor, vorgebildet sind, auch nicht nur, dass die *Aeneis* zahlreiche Episoden aus *Ilias* und *Odyssee* wiederholt und in Aeneas' Abenteuer verpflanzt: Zweikämpfe, Seestürme, die Begegnung mit dem Kannibalen Polyphem, Sportwettkämpfe anlässlich der Totenfeier für Achills Freund Patroklos bzw. für Aeneas' Vater Anchises, den Gang des Helden Odysseus bzw. Aeneas zu den Toten in der Unterwelt, die Übergabe eines von Göttern geschmiedeten Schilds an Achill durch dessen göttliche Mutter Thetis bzw. an Aeneas durch dessen Mutter Venus, das Einsetzen der epischen Erzählung *in mediis rebus* und das Nachholen der Vorgeschichte in Form eines rückschauenden Berichts des Odysseus am Hof des Phäakenkönigs bzw. des Aeneas im Palast der Königin Dido usw. Vielmehr orientiert Vergil die ersten sechs Bücher der *Aeneis* mit den Irrfahrten des Hesperien suchenden Aeneas an der *Odyssee*, die letzten sechs Bücher mit dem Krieg gegen die fremdenfeindlichen Bewohner des Landes an der *Ilias*, bezeugt sein eigenständiges Talent aber schon in der Äußerlichkeit, dass die homerische Reihenfolge der Epen – die *Ilias* als Erzählung vom Krieg um Troja geht der *Odyssee*, den Irrfahrten und der Heimkehr des Odysseus, voraus – umgedreht wird: Aeneas muss zuerst Irrfahrten auf der Suche nach Italien, danach erst den Krieg um diese neue Heimat auf sich nehmen.

Vor allem aber beweist Vergil seine Originalität mit der Tiefendimension, die er durch die gesamte *Aeneis* hindurch dem homerischen, stets in der momentanen Gegenwart des Helden beschlossenen Geschehen zu geben verstand: Während Odysseus Irrfahrten, Abenteuer, Versuchungen allein aus dem persönlichen Wunsch, endlich wieder auf seine Heimatinsel Ithaka und zu seiner Gattin

Penelope zurückzukehren, auf sich nimmt, erhält Aeneas die göttliche Sendung, die Überlebenden der Trojaner nach Italien zur Tibermündung zu bringen, weil dort aus ihnen nach dem Willen des Schicksals einmal Rom hervorgehen soll. Der persönliche, rückwärts gerichtete Wunsch des homerischen Helden verwandelt sich unter Vergils Feder in eine überpersönlich-weltpolitische, in die ferne Zukunft weisende Mission; das von Odysseus erstrebte Land ist seine alte Heimat, Aeneas muss dagegen seine Vaterstadt Troja verlassen und auf Geheiß der Götter in ein fremdes, unbekanntes Land ziehen; der unmittelbare Lohn, den Odysseus für seine Geduld und Standhaftigkeit in Ithaka und bei Penelope finden darf, kontrastiert mit der Pflichterfüllung des Aeneas, der ohne persönlichen Gewinn (er muss ja auf die Heimat und auf Dido verzichten) sich für das Ziel *Rom* einsetzt, das er selbst gar nicht erleben wird.

Diese prophetische Dimension verändert ebenso die aus Homer entliehenen Einzelepisoden: Mit den Seestürmen wollen rachsüchtige Götter Odysseus für einstige Übeltaten strafen, in der *Aeneis* dagegen sucht die Widersacherin des künftigen Rom, Juno, mit der Behinderung von Aeneas' Fahrt das Entstehen dieser kommenden Stadt und Macht zu unterbinden; mit dem Gang zur Unterwelt sucht Odysseus Auskunft über die Lage in Ithaka und seine Aussichten auf Rückkehr zu gewinnen, mit der Wanderung durch das Totenreich (Vergil lässt abweichend von Homer Aeneas im Geleit der cumäischen Sibylle durch das Totenreich ziehen) erhält Aeneas eine Vorschau auf alle dereinst großen Römer, deren Seelen – so Vergils geschickte Erfindung auf der Basis der Seelenwanderungslehre – dort unten auf ihre Zeit warten, somit die Einweihung in seine Zukunftsaufgabe; die Sportwettkämpfe der *Ilias* enden mit dem letzten Match, die der *Aeneis* münden dagegen in ein festliches Reiterspiel der noch nicht waffenfähigen Jugend, das der von Augustus eben erst eingeführten Sitte des jährlichen *lusus Troiae* der jungen Römer präludiert und diesem die höhere Weihe des Althergebrachten verleiht; der Schild des Achill wurde vom Schmiedegott Hephaistos mit allerlei Darstellungen aus dem menschlichen Leben (Fest, Gericht, Krieg, Ackerbau, Reigentanz) verziert, der des Aeneas vom selben Gott mit Reliefs aus der künftigen Geschichte

Roms (u. a. Romulus und Remus, Galliersturm, Catilina, Kleopatra) bedeutsam ausgeschmückt, die der allwissende Gott natürlich im Voraus kannte (auf dieses künstlerische Potenzial der Hephästfigur war die *Ilias* noch gar nicht aufmerksam geworden).

6. Textgenese, Textfragmente

Antike Textausgaben kannten noch keine Fußnoten oder Anhänge, weshalb selbst bei unfertigen Werken ein integraler Text, der vorläufige Textpartien, Mehrfachentwürfe, spätere Überarbeitungen oder Zusätze nicht erkennbar macht, vorgelegt wurde. Die ersten griechischen Philologen und Bibliothekare hatten zwar solche Partien mit Hilfe diakritischer Zeichen gekennzeichnet, im Lauf der Textüberlieferung gingen diese aber wieder verloren, weshalb die Handschriften nun immer einen vollendeten, einheitlichen Text zu bieten scheinen. Dass sich darunter jedoch auch Werke befinden, die aus einem vorläufigen Konzept des Verfassers mit verschiedenen Textphasen bestehen und keine abschließende Redaktion erfuhren, ist in manchen Fällen noch aus der Biographie des Autors zu ersehen – Sueton berichtet z. B. in seiner Vergil-Biographie, der Dichter sei 19 v. Chr. zu einer dreijährigen Griechenlandreise aufgebrochen, auf welcher er das Manuskript seiner *Aeneis* einer abschließenden Durchsicht und Überarbeitung zu unterziehen plante (*«anno aetatis LII impositurus Aeneidi summam manum statuit in Graeciam et in Asiam secedere triennioque continuo nihil amplius quam emendare»*), aber schon in Brindisi tödlich erkrankt und mit dem (von Augustus für rechtsunwirksam erklärten) Mandat verstorben, niemand dürfe die *Aeneis* wegen ihrer Unfertigkeit veröffentlichen. In anderen Fällen weist der Zustand des Werks selbst darauf hin, wie bei Thukydides' *Geschichte des Peloponnesischen Krieges* oder Caesars *Bellum Civile*, die (offenbar infolge des unerwarteten Todes der Verfasser) mitten in der Darstellung ihrer Kriege abbrechen, wobei der Umstand, dass die schon bald entstandenen antiken Fortsetzungen zu diesen Büchern, Xenophons *Hellenika* bzw. die pseudocaesarischen *Bella Minora*, an der

Bruchstelle einsetzen, die Erklärungsmöglichkeit, der Abbruch sei in späteren Jahrhunderten durch Textverlust entstanden, sicher ausschließen lässt. Oftmals wird das Vorliegen eines unvollendeten, aus verschiedenen und vom Autor nicht mehr vereinheitlichten Textphasen bestehenden Werks nur aufgrund von bestimmten Anstößen im Text (unerfüllte Vorverweise, innere Widersprüche, Doppelfassungen) vermutet; da sich hier aber auch andere Erklärungsmöglichkeiten für diese Indizien finden, wird die Hypothese meist kontrovers diskutiert.

Das unbestritten Unfertige des *Aeneis*textes zeigt sich schon äußerlich an einer beträchtlichen Menge halber Verse, die Vergil wohl erst bei der letzten Durchsicht des Manuskripts vervollständigen wollte. Eine tiefer greifende Konsequenz der Vorläufigkeit der jetzigen Textfassung sind unübersehbare Selbstwidersprüche im Verlauf der Erzählung: Am Schluss des zweiten Buchs, d. h. beim Untergang Trojas und Beginn von Aeneas' Fahrt, wird z. B. dem Helden vom Totengeist seiner (bei Trojas Zerstörung verschwundenen) Gattin Kreusa das von den Göttern vorbestimmte Fahrtziel der trojanischen Flüchtlinge recht klar benannt (*Aen.* 2,776 ff.):

> Warum, mein teurer Gefährte, ergibst du dich derart verzweifelt
> grundlosem Schmerze? Nicht ohne Wirken der Götter vollzog sich
> alles Geschehene. Weder das Schicksal noch Jupiter, Herrscher
> hoch im Olympus, gestatten, daß dich Kreusa begleitet.
> Lange Zeit heimatlos, wirst du weithin die Meere durchfurchen,
> und nach *Hesperien* wirst du gelangen. Der lydische *Tiber*
> windet sich dort gemächlich voran durch fruchtbare Fluren.
> Dort erringst du dir Glück, ein Königreich, eine Gemahlin
> fürstlichen Stammes ...
>
> (D. Ebener)

Daran kann sich Aeneas auch bei der Landung in Nordafrika, wohin ihn ein Seesturm kurz vor dem Erreichen Italiens verschlug, noch gut erinnern (*Aen.* 1,204 ff.):

> Ja, durch mancherlei Not, durch soviel Gefährdung und Ängste
> streben nach *Latium* wir, wo das Schicksal *Ruhe und Sitze*
> endlich uns weist, aufblühn wird dort Troja aufs Neue,

hieran hält er auch beim plötzlichen Bruch mit der Königin Dido fest, in deren Land er nicht bleiben könne, denn (*Aen.* 4,345):

in das große *Italien* ruft mich Grynaeus Apollo.

Man sollte daher erwarten, dass Aeneas nun auch geradewegs auf dieses klar vorgegebene Ziel zusteuert, erlebt aber stattdessen im dritten Buch der *Aeneis*, das die Überfahrt der trojanischen Flüchtlinge nacherzählt, einen Helden, der aus *Unkenntnis* über seine Bestimmung sich zunächst, wenngleich erfolglos, in Thrakien, dann in Kreta anzusiedeln sucht und dem erst nach und nach durch verschiedene, immer deutlicher werdende Orakelsprüche sein eigentliches Ziel Italien enthüllt wird. Die Erklärung dieses Widerspruchs liegt in der Nichtvollendung von Vergils Manuskript: Während einer gewissen Schaffensphase ließ er Aeneas in sicherer Gewissheit und Kenntnis seines Ziels handeln (Buch 1,2,4), während einer anderen Phase dagegen seinen Helden, wohl um dessen Unverzagtheit und Standhaftigkeit besser hervorzuheben, im Ungewissen über sein Ziel und dessen Erreichbarkeit (Buch 3). Der plötzliche Tod hinderte Vergil daran, sich für eine der beiden Konzeptionen der Aeneasgestalt zu entscheiden und die ersten vier Bücher der *Aeneis* entsprechend umzuschreiben bzw. zu vereinheitlichen; die antike Editionstechnik hinderte die postumen Herausgeber daran, statt eines scheinbar integralen *Aeneis*textes eine die verschiedenen Schaffensphasen (durch diakritische Zeichen oder Versetzen von Buch 3 in einen Anhang) differenzierende Werkausgabe vorzulegen.

Angesichts des trümmerhaften Zustands der antiken Textüberlieferung ist es kaum verwunderlich, dass von zahlreichen Einzelwerken, Gesamtœuvres oder gar Literaturgattungen allenfalls noch verstreute Fragmente, deren Umfang und Anzahl von Fall zu Fall unterschiedlich sind, existieren, weshalb für die Klassische Philologie neben den kritischen Textausgaben die Fragmentsammlungen nicht weniger charakteristisch sind. Für die meisten dieser Fälle gibt es eine Standardsammlung, nach deren Nummerierung die einzelnen Bruchstücke zitiert und identifiziert werden (z. B. heißt Sapphos Agallis-Gedicht nach dieser Regelung «Sappho, frg.

31 L.-P.», weil es in den von Lobel und Page gesammelten *Poeta-rum Lesbiorum Fragmenta*, der maßgeblichen Ausgabe, unter dieser Nummer registriert und publiziert ist); weichen spätere Sammlungen – wie bei den Textausgaben kommt es aufgrund anderer Textgestaltung, abweichender Einordnung eines Fragments je nach der vermuteten Gliederung oder Gedankenführung des verlorenen Werks, divergierender Datierung innerhalb des Œuvres, neuer Fragmentfunde, immer wieder zu Neuausgaben der Fragmente – von diesem Standard ab, wird durch eine beigegebene Konkordanz dem Benutzer das «Umrechnen» der neuen Nummerierung auf die bisher gültige ermöglicht. Die Fragmentcorpora ordnen die verstreuten Bruchstücke zunächst nach den einzelnen Autoren einer Gattung (was oft einen Anhang der *fragmenta adespota*, der anonym bleibenden Fragmente, nach sich zieht), innerhalb dieses Rahmens werden die Bruchstücke, wenn möglich, nach der mutmaßlichen Bucheinteilung oder dem angenommenen Gedankengang des verlorenen Werks platziert (was dann wieder zu Anhängen mit den *fragmenta incertae sedis* zu führen pflegt). Gelegentlich liefert ein antiker Autor eine ganze Inhaltsangabe zu einem heute verschollenen Werk, was die Einordnung von dessen Fragmenten erleichtert: Aus Gellius kennt man z. B. Inhalt und Bucheinteilung von Catos *Origines*, dem ersten römischen Geschichtswerk in lateinischer Sprache, aus der Βιβλιοθήκη des byzantinischen Patriarchen Photios (9. Jh. n. Chr.), dem Büchertagebuch eines begeisterten Lesers der antiken griechischen Literatur, kennt man Inhalt, Gliederung und Stil einer ganzen Reihe verlorener Werke. Solche *Testimonia* werden in den Sammlungen den Einzelfragmenten vorangestellt.

Große Fragmentcorpora sind z. B. die *Fragmente der griechischen Historiker* (FGrH), die *Fragmenta Comicorum Graecorum* (außer einigen Komödien des Aristophanes und Menanders ist aus dieser Gattung kein einziges Stück erhalten, für die entwicklungsgeschichtlich wichtige Phase der zwischen diesen beiden Dichtern liegenden *Mittleren Komödie* gibt es *nur* Fragmente), die *Tragicorum Graecorum Fragmenta* (TGF) mit Bruchstücken verlorener Tragödien des Aischylos, Sophokles, Euripides und den Fragmenten der sonst verschollenen Stücke aller übrigen griechischen

Tragiker, die *Stoicorum Veterum Fragmenta* (SVF) mit den Resten der stoischen philosophischen Literatur, die nur in Trümmern erhalten ist, H. Diels' Sammlung der Fragmente der Vorsokratiker, d. h. der frühgriechischen Philosophen (u. a. Parmenides, Heraklit, Demokrit), H. Useners *Epicurea* mit den Überresten der Lehrschriften Epikurs (nur drei seiner Lehrbriefe sind unversehrt überliefert), die *Poetarum Romanorum Veterum Reliquiae* mit den Resten der lateinischen Dichtung der republikanischen Jahrhunderte (woraus nur die Werke des Plautus, Terenz, Lukrez und Catull unversehrt erhalten sind), die die gesamte Antike umfassenden *Fragmenta Poetarum Latinorum*, die *Oratorum Romanorum Reliquiae* (erhalten sind ja nur 58 Reden Ciceros und eine des Apuleius), die *Historicorum Romanorum Reliquiae* mit den Fragmenten der älteren, vorsallustischen Geschichtsschreibung der Römer. Vom Œuvre zahlreicher antiker Autoren liegen überhaupt nur noch bzw. fast nur noch Bruchstücke vor, z. B. von den Philosophen Theophrast, Epikur, Panaitios, Poseidonios, von den Dichtern Sappho, Alkaios, Archilochos, Kallimachos, von römischen Autoren wie Ennius, Lucilius, Cato, Varro; bei anderen Autoren ist man mindestens für Teile ihres Œuvres auf Fragmente angewiesen, z. B. für Ciceros Gedichte (A. Traglia, *Ciceronis Poetica Fragmenta*, 1963), Caesars politische und sprachtheoretische Streitschriften (A. Klotz, 1927), Sallusts zeitgeschichtliches Werk *Historiae* (A. Maurenbrecher, 1891).

Fragmente stammen zum kleineren Teil aus Papyrusbruchstücken, Überresten einstiger Buchausgaben, vorwiegend jedoch aus Zitaten bei antiken Autoren, die freilich nicht immer das zitierte Werk oder dessen Autor nennen (da die Antike kein Copyright kannte, war dies noch nicht für das Zitieren fremder Quellen vorgeschrieben), nicht selten den Wortlaut ungenau, weil aus dem Gedächtnis, wiedergeben (das «Nachschlagen», d. h. Entrollen der Papyrusrolle wäre zu unbequem und langwierig gewesen) oder nur paraphrasieren und dabei den originalen Wortlaut und Stil verfälschen. Manche dieser Zitate sind umfangreich genug, um Rückschlüsse auf das verlorene Werk (seinen Inhalt, Tenor, Gedankengang, Stil) zuzulassen, viele Zitate stammen jedoch aus den

Schriften der antiken *Grammatici*, d. h. Philologen, die damit nur einen Beleg für eine einzelne Wortform, Endung, Ausnahmeregel beibringen wollten und sich demzufolge mit knappen, aus dem Zusammenhang gerissenen Bruchstücken eines Satzes begnügten, die für das Rekonstruieren des einstigen Kontexts kaum hilfreich sein können.

In den Ruinen des römischen Kastells Qasr Ibrîm an der ägyptisch-nubischen Grenze wurde 1978 ein Papyrusrest mit neun elegischen Versen in lateinischer Sprache entdeckt. Aus den drei noch entzifferbaren Worten des ersten Verses:

nequitia ... Lycori tua

(«durch deine Liederlichkeit, Lycoris») konnte erschlossen werden, dass es sich um Überreste der Liebeselegien des Dichters (und späteren Gouverneurs der römischen Provinz Ägypten) Cornelius Gallus handelt, von dem bisher nur ein einziger Vers bekannt war: Lycoris war der in dessen Liebesgedichten gebrauchte Deckname für seine Geliebte, die Schauspielerin Cytheris. Die ersten vier zusammenhängenden Verse des Papyrus:

Fata mihi, Caesar, tum erunt mea dulcia, cum tu
  maxima Romanae pars eris historiae,
postque tuum reditum multorum templa deorum
  fixa legam spoliis divitiora tuis

(«mein Geschick, Caesar, wird mir süß sein, wenn du das Größte der römischen Geschichte sein wirst, wenn ich nach deiner Rückkehr lesen werde, dass vieler Götter Tempel reicher wurden durch die Trophäen, die du dort aufgehängt hast») erscheinen, für sich genommen, als schwülstige Huldigung an Caesar vonseiten eines Dichters, der selbst den Kriegsdienst scheut und es angenehmer findet, dem Kriegsruhm anderer in Rom zuzuschauen. Welche Bedeutung das Fragment eigentlich hat, welche Funktion es im Kontext des verlorenen Gedichts erfüllt, kann mit Hilfe des Kriteriums der für antike Literatur so prägenden Gattungsgesetze rekonstruiert werden. In der römischen Liebeselegie nimmt ja der Verliebte prinzipiell die Stellung eines *servus amoris* ein, der seiner Geliebten, einer ebenso prinzipiell unromantischen, launischen, geschäftstüchtigen und treulosen (darauf bezieht sich der also nicht individuelle, sondern typische Vorwurf der *nequitia*) Kurtisane, ganz und gar verfallen ist, in ihrem Dienst auf alle eigenen Wünsche, alle einem Mann anstehenden Lebensziele (politische Karriere, die ruhmbringende Teilnahme am Kriegsdienst, die Mehrung von Reputation und Vermögen) verzichtet, in der – meist unerfüllten – Hoffnung, durch solche Unterwürfigkeit Erhörung bei der *domina* genannten Geliebten zu finden. Das elegische Fragment handelt also weniger von Caesar und von Gallus' echtem Pazifismus, sondern illustriert wieder einmal den Sklavendienst des Verliebten: Er muss seines Liebesdienstes wegen Caesar seinem Ruhm entgegenziehen lassen und sich selbst damit begnügen, wenn sein hartes, verzichtgeprägtes Los *(fata)* wenigstens durch die Kunde von Caesars Ruhm etwas aufgehellt werden wird. Dieses Motiv haben die späteren Elegiker (Tibull, Properz, Ovid) nach dem Prinzip der *Aemulatio* von Gallus übernommen und in ihren erhaltenen Liebeselegien variiert. Dank solcher Traditionsgebundenheit antiker Literatur sind aus einzelnen, aber gattungstypischen Bruchstücken immer wieder doch noch Rückschlüsse auf ein verlorenes Literaturwerk möglich.

7. Methodik

Wer im Studium Klassische Philologie mit einer der Neueren Philologien im Zweitfach kombiniert, wird schon in den Anfangssemestern eine deutliche Diskrepanz der beiden Disziplinen in der Sehweise und im interpretatorischen Vorgehen bemerken: Die Klassische Philologie, bedingt durch eine jahrhundertelange Tradition, hält noch immer weitgehend an der herkömmlichen, altmodisch produktionsästhetischen Orientierung fest und befragt einen literarischen Text vornehmlich nach der *einen*, bewussten und objektiv feststellbaren Aussage des *Autors*, der sie schon durch das korrekte Übersetzen und angemessene Erfassen des geschriebenen Wortlauts, der Textoberfläche, nahe zu kommen meint. Ist hier der ständige Rückbezug auf den Autor, *sein* Erleben, *seine* Gefühle oder Reflexionen Leitfaden der Interpretation, die allzu subjektive Verdeutungen oder Unterstellungen vermeiden will, so begegnet in den Neueren Philologien eine Zugriffsweise, die, nach rezeptions- oder wirkungsästhetischen Literaturmodellen ausgerichtet, den *Text* selbst und die Möglichkeiten seiner Interaktion mit dem *Leser* (Rezipienten) in den Mittelpunkt stellt. Die dem Autor eigene *message* und Intention eines Werks ist dann nur noch eine unter den möglichen Deutungen und Auffassungen, die von den Lesern je nach ihrer geistig-psychischen Disposition, Lebenserfahrung, Schichtenzugehörigkeit, Bildungsebene, Religiosität usw. heraus- bzw. hineingelesen werden (man vergleiche den häufigen Verzicht abstrakter Kunstwerke auf einen inhaltsbestimmten Werktitel, wodurch der Betrachter zu *seinem* Verständnis des Geschauten provoziert werden soll). Anstelle der einen «richtigen», weil von der Intention des Autors autorisierten Deutung, die die Klassische Philologie anstrebt, tritt die Polyvalenz des Kunstwerks, die den Philologen vor die Aufgabe stellt, die verschiedenen Vorschläge zum Verständnis auf ihre jeweilige Adäquatheit hin zu prüfen, aber nicht mehr erlaubt, sich mit dem angeblich vom Verfasser Gemein- ten oder Gewollten zu begnügen: Unter seiner Textoberfläche, außerhalb des seinem Autor Bewussten birgt der literarische Text mehr und anderes.

Die vom Autor und seiner literarischen «Confession» (wie Goe- the sein Œuvre bezeichnete) abgewandte, auf den Text und sein Potenzial, seine internen Strukturen und unbeabsichtigten Wider- sprüche, seine vom Autor kaum bemerkten, von späteren Le- sern aber herauszuhörenden psychologischen, soziologischen, geschlechterspezifischen Voraussetzungen konzentrierte Literatur- konzeption hat in den Neueren Philologien eine Fülle von Theorien und Interpretationsmodellen (Rezeptionstheorie, Intertextualität, Strukturalismus, Dekonstruktivismus, Literaturpsychologie, An- thropologie, *gender studies* usw.) entstehen lassen, die sich dort in rascher Folge abgelöst, zum Teil auch schon abgenutzt haben, während die Klassische Philologie – in manchen Ländern (USA, Ita- lien, Frankreich) mehr als in anderen (Deutschland) – erst beginnt, solche Fragestellungen und Methoden zu übernehmen. Ansätze zu solchen Theorien gab es zwar auch in der Klassischen Philologie – z. B. zur Intertextualität in der *Aemulatio*forschung, zur Wirkungsästhetik in der durchgehenden Rhetorisierung antiker Literatur –, trotzdem sind diese Konzeptionen nicht hieraus entwickelt worden. Ihr Eindringen in die Klassische Philologie führt zu immer mehr Revisionen, Neubewertungen, aber auch Verwerfungen bisheriger, als gesichert geltender Forschungsergebnisse und Interpretationen, was das Studium des Fachs einerseits erschwert (man kann in Referaten ältere Thesen nicht mehr unbesehen übernehmen und wiederholen), andererseits vielseitiger und kreativer macht.

Betrachten wir zunächst ein einfacheres Beispiel für diesen Paradigmenwechsel aus dem Bereich der Caesarforschung (*Gall.* 1,39–40). Für seine Absicht, Roms Herrschaft auf das gesamte Gallien auszudehnen und sich dadurch das für die weitere politische Karriere nötige Renommee zu erwerben, schien Caesar, dem Statthalter des bisher auf die Provence *(Gallia Narbonensis)* beschränkten römischen Territoriums in Gallien, das unabhängige Reich des Suebenkönigs Ariovist, das dieser im lothringischen Raum etabliert hatte, ein potenzielles Hindernis zu sein, das auszuschalten war, bevor sich die bedrohten Gallier mit Ariovist gegen die vordringenden Römer verbünden konnten. Caesar ließ sich also (nach einem auch in der Neuesten Geschichte noch praktizierten Handlungsmuster) von gallischen Stämmen gegen die Sueben zu Hilfe rufen und griff Ariovist unter diesem Vorwand an, obwohl der Suebenkönig wenige Jahre zuvor vom römischen Senat offiziell den Ehrentitel eines «Freundes des römischen Volkes» erhalten hatte und obwohl ein Angriffskrieg (den Caesar allerdings als Hilfsaktion tarnte) gegen ein unabhängiges Land nicht vom Provinzstatthalter angezettelt, sondern ausschließlich auf Beschluss und im Auftrag des römischen Senats geführt werden durfte. Der drohende Rechtsbruch, den ihr Feldherr unbekümmert vorbereitete und seine strafrechtlichen Konsequenzen, vor denen Caesar selbst durch die Immunität seines Magistratsstatus geschützt war, ließen Caesars höhere Offiziere – darunter mehrere Senatorensöhne, die gemäß römischer Sitte unter einem Magistrat oder Feldherrn die ersten Bewährungsproben für ihre spätere politische oder militärische Laufbahn liefern sollten und gebildet genug waren, um das juristisch Bedenkliche von Caesars Vorgehen zu bemerken – den Dienst verweigern, was sich in der Nähe der Stadt Besançon schließlich zur Meuterei der gesamten Armee Caesars steigerte; erst nach einer psychologisch gewandten Ansprache Caesars war die Truppe wieder motiviert und zum Weitermarsch gegen Ariovist bereit. In Caesars Bericht über das Vorkommnis ist nun auffallenderweise das juristische Problem ebenso umgangen wie die peinliche Tatsache einer offenen Meuterei seiner Soldaten; stattdessen erfahren wir von der blamablen Feigheit der Offiziere und Mannschaften vor einem Kampf gegen die wilden Germanen (die Sueben sind ein Germanenstamm, der nach Gallien eingedrungen war und sich dort festgesetzt hatte) und vom staunenswerten Geschick des Feldherrn Caesar, solchen Leuten wieder Mut und Kampfbereitschaft einzuflößen:

Während er sich wenige Tage der Verpflegung und Zufuhr wegen bei Besançon aufhielt, befiel plötzlich ein so großer *Schrecken* das ganze Heer, daß alle in bedenklicher Weise Kopf und Herz verloren. Auf die Fragen der Römer hatten nämlich Gallier und Kaufleute überall erzählt, die Germanen seien ungeheuer groß, unglaublich tapfer und waffengeübt. Häufig seien sie mit ihnen zusammengestoßen und hätten nicht einmal ihre Miene und den stechenden Blick ihrer Augen ertragen können. Diese *Angst* befiel zuerst die Militärtribunen, Präfekten und die übrigen, die aus Rom aus persönlicher Freundschaft Caesar begleitet hatten, aber keine große Kriegserfahrung besaßen. Von ihnen baten die einen aus diesem, die anderen aus jenem Vorwande, der angeblich die Rückreise nach Rom erforderlich machte, um Beurlaubung. Einige jedoch schämten sich und blieben, um dem Verdacht der *Furcht* zu entgehen, da. Aber sie konnten weder ihre Mienen verstellen noch bisweilen ihre Tränen zurückhalten; in ihren Zelten versteckt, bejammerten sie entweder ihr persönliches Los oder beklagten mit ihren Freunden die gemeinsame Gefahr. Allgemein wurden im ganzen Lager Testamente abgefaßt. Durch das Gerede und die *Furcht* dieser Leute wurden allmählich auch die kriegserfahrenen Soldaten, Centurionen und Reiterführer *ängstlich* … Einige gaben Caesar auch zu verstehen, daß die Truppe, wenn er den

Befehl zum Aufbruch und Angriff gebe, keine Folge leisten und *aus Furcht* nicht marschieren werde.

(G. Dorminger)

Dass Caesars Berichterstattung hier unvollständig ist, war Klassischen Philologen schon lange bekannt, weil die Darstellung desselben Vorfalls bei dem griechischen Geschichtsschreiber Cassius Dio (163–239 n. Chr.) deutlich erkennen lässt, dass eine Befehlsverweigerung der Truppe, und zwar nicht nur wegen der bei den Römern (seit den Einfällen der Cimbern und Teutonen) verbreiteten Germanenfurcht, sondern auch wegen der Illegitimität von Caesars Vorgehen, vorlag. Die älteren, autorbezogenen Erklärungen erwogen daher, Caesar habe sein *Bellum Gallicum* erst nach dem Ende seines achtjährigen Eroberungskriegs geschrieben und sich nicht mehr so genau an die Begebenheiten des ersten Kriegsjahrs erinnert bzw. er schreibe seinen Bericht gerade unter dem unmittelbaren Eindruck der Ereignisse und habe deshalb selbst noch gar keinen vollständigen Überblick über deren Hintergründe bzw. er verfahre wie moderne Politiker beim Schreiben ihrer Memoiren, die sich in gutem, aufrichtigem Glauben an das Untadelige ihres Handelns die Ereignisse instinktiv schönreden und Unangenehmes einfach verdrängt haben. Doch die Vorstellung, Caesar schreibe eben seine Erinnerungen, seine beschränkte Sicht der Dinge nieder, ist seit dem Aufkommen der *wirkungsästhetischen* Literaturkonzeption obsolet: Auch Caesar schreibt, weil er auf seine Leser einwirken, ihnen absichtlich seine Ansicht suggerieren, ihr Urteil unmerklich beeinflussen und lenken will – sonst bräuchte er ja das *Bellum Gallicum* nicht zu publizieren, sondern könnte es bei einem privaten Tagebuch belassen. Für dieses Publikum verfälscht demnach Caesar bewusst die Tatsachen, um von den Römern nicht als ein in Rechtsfragen unzuverlässiger, als Feldherr von der eigenen Truppe abgelehnter Hasardeur eingeschätzt zu werden, sondern als der fähige, tüchtige Politiker, der unter widrigsten Umständen eine demotivierte, feige Truppe zu motivieren und zum Sieg über die schreckenerregenden Germanen zu führen verstand. Die Einseitigkeit von Caesars Bericht ist nicht in den Umständen, unter de-

75

nen er ihn abzufassen hatte, begründet, sondern gezielte, absichtliche Imagepflege.

Dieser Steuerung des Leserverständnisses dient der Aufbau des ganzen Kapitels, das gleich zu Beginn mit dem Satz «befiel plötzlich ein so großer Schrecken das ganze Heer» alle anderen Erklärungsmöglichkeiten für den Vorfall ausschließt, seine Erklärung dann durch das Nachvollziehen des allmählichen Anwachsens von ersten Gerüchten zur Angst der jungen, kriegsunerfahrenen Senatorensöhne bis hin zur allgemeinen Panik der gesamten Truppe, auch der altgedienten und sonst kaum zu erschreckenden Soldaten (dies verschleiert die Entwicklung von den juristischen Bedenken der hierin kundigen Offiziere zur allgemeinen Forderung nach einer besseren Legitimierung des Feldzugs, in die sich die rechtsunkundigen Soldaten schließlich hineinziehen lassen) glaubhaft macht und obendrein noch raffiniert die Bewunderung seiner Leser steigert, indem er die besondere Gefährlichkeit der germanischen Gegner zwar nicht mit eigenen Worten hervorhebt (das wäre dann doch zu prahlerisch gewesen und hätte das Publikum eher verprellt), aber in den Gerüchten von ihrer Fürchterlichkeit doch unüberhörbar anklingen lässt. Ironischerweise wurde die Caesarlektüre gerade zu dem Zeitpunkt an den Gymnasien abgeschafft, als die moderne Literaturtheorie seine *Commentarii* als gutes Anschauungsmaterial für das – besonders in der heutigen Nachrichtenflut akute – Phänomen der Manipulation der Leser durch literarische oder journalistische Texte entdeckte und das Zögern der Philologen, Caesar eine so bewusste Deformierung der Fakten zuzutrauen, überwand; und ebenso ironischerweise ließ die Begründung für diese Maßnahme, ein Kriegsschriftsteller passe nicht mehr in den heutigen Schulunterricht, die althergebrachte Reduzierung eines Textes auf seine bloße Textoberfläche noch einmal aufleben.

Für die Reichweite *literaturpsychologischer* Konzeptionen kann die römische Liebeselegie (Tibull, Properz, Ovid) ein anschauliches Beispiel liefern. Wie schon erwähnt, stellt diese Gattung die römische Lebenswirklichkeit auf den Kopf: Während Frauen in Rom ständig unter männlicher Vormundschaft (durch den mit allen

Vollmachten ausgestatteten Vater, den Ehemann, im Fall einer Scheidung oder des Witwenstandes wieder durch den Vater, Onkel, ältesten Bruder usw.) standen, ihren Gatten nicht aus eigener Verliebtheit und Leidenschaft wählen konnten, sondern nach unromantischen Kriterien vom Vormund, der eher auf die Finanzen, Karriereaussichten, Abstammung und den guten Ruf potenzieller Bewerber als auf die Wunschträume der Braut sah, vorgesetzt bekamen, befinden sich die elegischen Dichter umgekehrt in der unterwürfig schmachtenden Position eines *servus amoris*, der durch Liebesdienste, ewige Treue, romantisches Anbeten, unermüdliches Umwerben die Erhörung durch seine *domina*, eine kaltherzige, stets untreue und nur selten einmal entgegenkommende Geliebte, zu erringen trachtet. Zwar ist auch in der Klassischen Philologie die naiv biographische Auffassung, diese Dichter hätten ein so unrömisches, eines Mannes unwürdiges Liebesleben wirklich praktiziert und in ihren Elegien die eigenen Erlebnisse erzählt, längst überwunden (vor allem deshalb, weil zahlreiche Selbstwidersprüche in den Gedichten zeigen, dass sie fiktionaler Natur sind und nicht mit der Wirklichkeit übereinstimmen), aber in sublimierter Form behält die derzeit vorherrschende Interpretation des Phänomens doch die starre Blickrichtung zurück auf die Autoren und ihre bewusste Intention bei: Demzufolge gelten die Elegien als Aufstand der jungen Generation (die drei Elegiker waren beim Abfassen ihrer Gedichtbände 20 bis 30 Jahre alt) gegen die damals von Augustus betriebene Restauration der altrömischen, während des Bürgerkriegs geschwundenen Wertewelt und Lebensauffassung, die die Dienste *(officia)* der männlichen Bürger für Staat und Gemeinschaft über das private, persönliche Glück stellte, Frauen auf ihre nicht-emanzipierte Rolle zurückdrängen, Sitte und Moral wieder zur Richtschnur machen wollte. Dagegen protestieren diese jungen Dichter mit Elegien, in denen sie weniger realiter als ostentativ ein «nutzloses» Leben schmachtender Liebe, rein privater Glücksvorstellungen entwarfen.

Dies trifft sicherlich die Motivation und Absicht, aus der heraus Tibull, Properz und Ovid ihren Elegien jene unverwechselbare Gestalt gaben, erklärt aber kaum, warum ihre rebellischen Gedichte größte Beliebtheit beim zeitgenössischen Publikum, das doch zumindest in seiner Mehrheit nicht antiaugusteisch eingestellt war, zu finden vermochten, und beantwortet auch kaum die Frage, warum die Propagierung des Privaten nun gleich drei Dichtern zur Vorführung unglücklicher, unerfüllter Liebe misslang – ihr Gegenentwurf zu Augustus' Restauration erschiene doch viel attraktiver, wenn sie das *Glück* der Liebe, die *Harmonie* mit einer warmherzigen, ihr *servitium* belohnenden Freundin feierten. Wenn man schon beteuert, im Dienste der Geliebten verzichte man auf die zeitraubenden politischen Ämter, überlasse den strahlenden Kriegsruhm anderen, sollte man nicht genötigt sein, überall durchblicken zu lassen, dass man zum Lohn hierfür von der *domina* weiterhin kalt hingehalten oder gar betrogen wird.

In seiner Elegie 1,7 stellt sich Ovid einmal in der Situation des Mannes dar, der es gewagt hat, seinen Sklavendienst zu durchbrechen und der herrischen Geliebten zu zeigen, wer eigentlich Herr sein soll: Er hat die allzu selbstbewusste Corinna geohrfeigt.

Nehmt meine Hände, sie haben's verdient, und legt sie in Ketten,
　　bis sich das Toben gelegt! Ist denn hier niemand mein Freund?
Gegen die Herrin erhob Verblendung und Wahn meine Arme;
　　wund von der rasenden Hand sitzt nun mein Mädchen und weint.
Ich wär's wirklich imstand und vergriff mich an Vater und Mutter,
　　richtete frevelen Streich gegen den heiligen Gott.
Hat doch einstens der Herr des siebengeschichteten Schildes,
　　Ajax, im weiten Gefild mordend die Schafe gewürgt,
und der verrucht seinen Vater gerächt an der Mutter, Orestes,
　　hat es gewagt und nahm hehre Erinnyen zum Ziel.
Also ich hab es vermocht und raufte die zierlichen Locken –
　　und das flatternde Haar stand meinem Mädchen nicht schlecht!
Reizend war sie zu schaun. So hat wohl einst Atalante
　　mit ihrem Bogen das Wild über die Berge gescheucht,
so Ariadne geweint, als brausender Süd ihr davontrug
　　Theseus' Segel und Wort, denen zuviel sie vertraut,
gleich auch Kassandras Gelock, doch sie mit der Priesterin Binde,
　　als sie an deinen Altar, keusche Minerva, sich stürzt.
Jeder mußte «Barbar», «Wahnwitziger» mußt er mich schelten:
　　sie aber schwieg; ihr schloß blasses Entsetzen den Mund.

Aber der schweigende Blick erhob nur lauter den Vorwurf,
    Tränen im stummen Gesicht klagten nur härter mich an. ...
Ich aber bracht' es zuweg und rauft' ihr die Haare und eisern
    setzt' ich ins edle Gesicht Zeichen der Pranke hinein!
Ihr wichen Sinne und Blut, sie stand, und fahl war ihr Antlitz,
    weiß wie von parischem Berg kundig gebrochener Stein.
Leblos sah ich den Leib und beben sah ich die Glieder,
    so wie der Pappel Gelock flackert und zittert im Hauch,
wie vom säuselnden West erschauert schwankendes Röhricht,
    oder wie Südwind streift lau die gekräuselte Flut.
Und erst zaudern die Tränen, dann tropfen sie eilig hernieder,
    wie aus dem schmelzenden Schnee Wasser zu Wasser verrinnt.
Nun erst hob sich in mir ein Gefühl von Schuld und Verfehlung,
    als mein eigenes Blut quoll ihre Träne herab.
Dreimal hab' ich's versucht, ihr flehend zu Füßen zu fallen,
    dreimal stieß sie zurück schaudernd die schreckliche Hand.
Auf denn und scheue dich nicht – Vergeltung stillt und beschwichtigt –
    auf und mir ins Gesicht fahr mit den Krallen hinein!
Schone die Augen mir nicht! Und gerauft mein Haar und gerissen!
    Ehrlicher Zorn verleiht Kraft auch der schwächeren Hand!
Und daß nicht dauert hinfort meiner Untat trauriges Denkmal,
    sammle und stelle das Haar wieder auf Posten bereit.

                                      (W. Marg/R. Harder)

Zur Erleichterung der Philologen hatte Ovid bereits im Einleitungsgedicht seiner Elegien (1,1,20) angedeutet, dass Corinna keine reale Frau aus seinem realen Liebesleben, sondern eine poetische Erfindung sei: So brauchte man also nicht annehmen, Ovid habe seine Geliebte *wirklich* verprügelt und sich in 1,7 als rohen, vor Gewalt gegen Frauen nicht zurückschreckenden Macho verraten. Wozu schrieb er aber dann dieses heikle Gedicht mit der darin vorgespiegelten Zankszene? Einem Gattungsgesetz der Liebeselegie zufolge, das den so genannten gleitenden Gedankengang zu deren Charakteristikum macht, bleibt Ovid nicht bei einer, bis zum Gedichtschluss durchgehaltenen Auffassung und Beurteilung der unliebsamen Begebenheit, sondern wendet diese bald ins Negative, bald ins eher Harmlose: Große Partien der Elegie bauschen seine «Untat» zu einem entsetzlichen Vergehen auf, das mit dem Mord an Vater oder Mutter und mit dem Frevel gegen die Götter gleichgesetzt werden müsse, anderswo hebt der Dichter recht genüsslich den besonderen, animalischen Sexappeal (v. 12–18) von Corinnas derangierter Gestalt mit ihrer nun wilden Haarmähne hervor und meint sogar fast kaltschnäuzig (v. 67–68), sie könnte doch wohl mit etwas Kämmen und Kosmetik das Malheurchen wieder aus der Welt schaffen. Man ist versucht, diesen Widerspruch naiv mit der Annahme zu erklären, Ovid schreibe diese Elegie noch direkt unter dem Schock seiner Freveltat und könne deshalb auch noch keinen klaren Gedanken darüber fassen, doch ist das Gedicht in Wirklichkeit überlegt am Schreibtisch ausgedacht und formuliert worden, keineswegs ein Stück unmittelbarer, echter Erlebnislyrik. Das zeigen schon die gelehrten Vergleiche mit mythologischen Gestalten (Corinnas Sexappeal wird v. 13–18 mit dem ebenso naturhaften, ungeschminkten Aussehen der dem Wild nachjagenden Atalante, der über die heimliche Abfahrt ihres geliebten Theseus gänzlich aufgelösten Ariadne, der vor den siegreichen Griechen zum Schutzaltar der Göttin rennenden Seherin Kassandra verglichen, wobei unausgesprochen mitschwingt, dass diese drei Frauen gerade durch ihr derangiertes, erregtes Erscheinungsbild das sexuelle Begehren der Männer Milanion, Dionysos, Ajax erst hervorriefen), die spitzfindig-gelehrten Differenzierungen (z. B. zwischen dem Helden Diomedes, der während des Trojanischen Kriegs die mitkämpfende Göttin Aphrodite in entschuldbarem Kampfeseifer attackierte, und dem «Schwerverbrecher» Ovid, der die vergötterte Corinna unentschuldbar schlug) – Aussagen, die einem noch unter Schock stehenden Dichter schwerlich aus dem Stegreif eingefallen wären.

Die Klassische Philologie unterstellt daher Ovid meistens die Intention, mit dieser Elegie das Fiktive, Aufgeblasene der ganzen Gattung Liebeselegie zu entlarven, durch Parodieren die exaltierten Gefühle der verliebten Elegiendichter als erdichtet bloßzustellen: Die heftigen Selbstvorwürfe, die Vergleiche mit Frevlern oder Elternmördern ahmen zum Schein das Entsetzen nach, das ein echter *servus amoris* angesichts der Vermessenheit, die Hand gegen die angebetete Geliebte und Herrin erhoben zu haben, empfinden müsste, das Herunterspielen des Vorfalls zur erotisch pikanten bzw. kosmetisch heilbaren Intimszene entlarvt ebendieses Entsetzen, das Tabuieren der Geliebten zur hohen, unangreifbaren *domina* als vorgetäuscht, erfunden. So erklärt sich der leichte, spielerische Ton, der Ovids Liebeselegien von denen des Tibull und Properz unterscheidet, aus dem unernsten, unromantischen Naturell des Dichters, das dem *servitium amoris* nichts (außer der Belustigung) abgewinnen kann und das in der wenig später verfassten *Ars Amatoria* die lähmende Allgewalt der Liebe, von der die anderen Elegiker als Leidende, er nur noch zum Schein kündete, in ein von Spielregeln beherrschtes und damit beherrschbares Vergnügen überführte.

Beschränkt man sich auf die Frage nach Ovids bewusster Absicht beim Niederschreiben dieser Elegie, hat man mit jener Deutung sicherlich eine befriedigende Antwort gefunden. Modernen Lesern dürften allerdings unter der Textoberfläche die Anklänge des Gedichts an die psychoanalytischen Liebestheorien Freuds und Lacans nicht verborgen bleiben, an die die beiden Gesichter Corinnas – als der hohen, vergötterten, unantastbaren *domina* und als der erotischen, männlicher Gewalt unterliegenden Frau – gemahnen. Die beiden Analytiker haben ihren Ansatz immerhin bis zu den Troubadours und Minnesängern zurückverfolgt, die ja ebenfalls ihre hohe Dame nur von weitem verehren und anbeten, ihre sexuellen Wünsche dagegen allenfalls bei Mädchen niederen Standes befriedigen, weil die hohe Dame nur als die von Ferne Begehrte jene Hoheit, Idealität, Einmaligkeit ausstrahlt, die der Liebende für sich gewinnen möchte, im Liebesakt selbst dagegen zum Objekt männlicher Leidenschaft herabsinken würde, das verfügbar und sogar, wie Don Juan erkannte, gegen andere Sexualobjekte austauschbar erschiene.

Dieses Dilemma spiegelt bereits die römische Liebeselegie mit den poetischen Bildern der sich männlicher Verfügungsgewalt (durch Verweigerung oder Untreue) entziehenden und deshalb begehrten *domina* und der Untreue des Liebhabers, der trotz seinen Treueschwüren *erotische* Abenteuer auch anderswo sucht: Tibull hält sich neben Delia den schönen Knaben Marathus und nach ihr die Geliebte Nemesis, Properz lässt sich 4,8,27 ff. von der überraschend zurückgekehrten Cynthia bei einem flotten Dreier ertappen, Ovid unterhält eine Affäre mit Corinnas Kammerzofe und bekennt 2,4, dass ihn überhaupt alle Frauen, blonde und schwarze, große und kleine, züchtige und lockere, erregen und reizen. Der Wunsch nach Verdrängung dieses Wissens um das nur Illusionäre des Begehrens lässt Ovid am Schluss der Elegie 1,7 hoffen, Corinna möchte wieder durch Kosmetik der «Untat trauriges Denkmal», die Erinnerung an ihre Verfügbarkeit, tilgen, um wieder die hohe, unnahbare, begehrenswerte *domina* zu sein: Dies verbirgt sich unbewusst unter der dem Wortlaut nach so zynischen Aufforderung in der Schlusszeile.

Der Dialog *Octavius* des Christen Minucius Felix soll uns als letztes Beispiel die Weiterentwicklung autorbezogener Forschungsergebnisse durch die *Rezeptionsästhetik* veranschaulichen. Der Autor kleidet hier ein schonungslos um die Entscheidung in Sachen Religion geführtes Streitgespräch eines Heiden und eines Christen unpassend, rückschrittlich in die Form eines ciceronischen Dialogs, für den der tolerante, freundschaftliche Meinungsaustausch, der die verschiedenen Anschauungen gelten lässt und auch am Dialogschluss keine als falsch ausscheidet, Gattungsgesetz ist. Wie rückschrittlich der Autor dadurch erscheint, zeigt sich daran, dass wenige Jahre vor ihm Tertullian dieselbe Problematik in der neuen Form der Streitschrift, einer polemischen Verteidigungsrede für das Christentum an die Adresse seiner Verfolger *(Apologeticum)*, publiziert hatte, Minucius also das Erfordernis einer neuen, für den existenziellen Kampf zwischen *Religionen* statt für die Disputation zwischen verschiedenen Strömungen der Philosophie geeigneten Literaturform dort erfahren konnte. Das Unpassende seiner Dialogform zeigt sich daran, dass Minucius immer wieder durch Regieanweisungen mühsam zwischen der Polemik des Religionsstreits und der Toleranz des Dialogs vermitteln muss: Von der Dialogeinleitung, in der die späteren Kontrahenten, Minucius und sein christlicher bzw. sein heidnischer Freund, in harmonischer Freundschaft am Strand von Ostia entlangspazieren, kann er nur dadurch in den feindseligen Religionsstreit übergehen, dass er den ersten Redner, den Heiden Caecilius, kategorisch anordnen lässt (4,4):

Laßt nur einmal mich, der ich nicht derselben philosophischen Richtung angehöre wie er, mit ihm diskutieren; dann wird er allerdings bald einsehen müssen, daß es leichter ist, unter guten Freunden einmal geistreiche Reden zu führen, als den Kampf der Weltanschauungen auszutragen.

(B. Kytzler)

Zur Abschwächung des Eindrucks, dass die beiden Kontrahenten nach Eintritt in den Dialog heftigst aufeinander losfahren, um dem Gegenüber jeweils das Verkehrte und Verruchte seines Glaubens klar zu machen (immerhin wirft Caecilius den Christen, aber eben nicht in direkter Anrede seinen christlichen Begleitern, vor, Ritualmorde an kleinen Kindern und inzestuöse Liebesmähler zu veranstalten), wird fast zu künstlich die Dialogatmosphäre durch die Fiktion aufrechterhalten, die beiden Religionsvertreter polemisierten nicht gegeneinander, sondern trügen ihre Standpunkte einem Schiedsrichter, dem zum Christentum konvertierten Minucius, zur späteren Begutachtung am Dialogende vor – wofür sich der Christ Minucius geradezu selbst verleugnen muss:

> Lieber Marcus, du hast natürlich über die Frage, die wir jetzt genauer prüfen wollen, eine feste Meinung, hast du doch beide Religionen kennengelernt und die eine dann aufgegeben, die andere angenommen. Wenn du nun jedoch die Waagschalen hältst, mußt du dich ganz und gar auf den Standpunkt eines unparteiischen Richters zurückziehen und darfst keine der beiden Parteien begünstigen …

Da freilich auch am Schluss eines ciceronischen Dialogs das Verwerfen einer Meinung der Toleranz und Freundschaft widerspräche, kann auch der mühsam eingesetzte Schiedsrichter nicht seines Amtes walten und einem seiner Freunde ins Gesicht sagen, seine Religion sei zu verdammen: So muss denn der Heide (40,1) sich spontan selbst für bekehrt erklären und deswegen seinem christlichen Gegenredner nichts übel nehmen, sondern danken:

> Ich muß meinen Octavius von ganzem Herzen beglückwünschen, aber ebenso auch mich selbst! Ich warte nicht mehr den Schiedsspruch ab: wir haben beide gesiegt … Denn wie er über mich gesiegt hat, so triumphiere ich über meinen Irrtum!

Trotz dem Bemühen, die Spannungen zwischen Dialog und religiöser Disputation zu überbrücken, gilt Minucius einer autorbezogenen Philologie als wenig begabter, auf fremde (und da auf unpassende) Vorbilder angewiesener Schriftsteller, der zwar seine missionarische Aufgabe wahrnehme, das literarische Erfordernis einer neuen, dem neuen Streit der Religionen angemessenen Form nicht zu erfüllen vermöge. Doch die Verhaftung in der traditionellen Literatur muss nicht auf einer Schwäche und Unoriginalität des *Autors* beruhen, sondern kann von den potenziellen *Lesern* des *Octavius* her verstanden werden: als bewusste Wahl des Verfassers, der dem Geschmack seines heidnischen Leserpublikums Rechnung trägt und ihm den neuen Inhalt in einer dort gewohnten, gern gelesenen Form nahe bringen möchte – und gerade dies der polemischen neuen Gattung der tertullianischen Streitrede nicht zutraut. Nicht der Mangel an Talent, sondern die talentierte Anpassung des christlichen Autors an das, was sein heidnisches Publikum in Diskussionen über weltanschauliche Fragen zu lesen wünscht, bestimmt sein Vorgehen.

Selbst auf dem intensiv durchforschten Gebiet der *Gattungstheorie* lassen neuere Ansätze traditionell gewordene Resultate der Klassischen Philologie aufbrechen und neu sehen. In Plautus' Komödie *Bacchides*, einem Stück nach Menanders *Doppelbetrüger*, spielt der gerissene Sklave Chrysalus die Hauptrolle: Als er mit dem Sohn seines Herrn, eines begüterten Kaufmanns, von einer Geschäftsreise aus Übersee zurückkehrt, unterschlägt er dem Herrn mit der Lüge, wegen der Bedrohung durch Piraten hätten sie alle Einnahmen in einem fernen Tempel deponieren müssen (Banken gab es damals noch nicht), das mitgebrachte Geld, mit dem sich nun der Sohn seine Geliebte, die Dirne Bacchis, von deren Zuhälter auslösen sollte. In der irrigen Annahme, Bacchis habe ihn betrogen, gibt der Sohn zerknirscht dem Vater mit einem Schuldbekenntnis, das Chrysalus schwer belastet, den ganzen Betrag zurück – um kurz danach von Bacchis' unverbrüchlicher Treue zu erfahren. Sofort will er die Geliebte wieder auslösen: Der Sklave soll sich einen neuen Betrug am Vater (Söhne haben ja in Rom keine Verfügungsgewalt über das Familienvermögen, das ausschließlich vom *pater familias* verwaltet wird) ausdenken, betrügt nun aber seltsamerweise den Vater erst nur um die halbe Summe (mit der alles Misstrauen vertreibenden Schreckensmeldung, Bacchis sei die Gattin eines Offiziers, der dem Nebenbuhler übel mitspielen werde, wenn man ihn nicht mit viel Geld versöhne), dann erst mit einer weiteren Intrige (der Sohn hat seiner Geliebten zum Abschied eidlich 200 Philippi zugesichert und darf doch nun seines späteren Leumunds wegen nicht als meineidig erscheinen) um die andere Hälfte: Beide Mal fällt der Vater, sympathisch besorgt um sein missratenes Söhnchen, auf den Sklaven herein, obwohl er doch inzwischen weiß, wie verlogen und betrügerisch dieser ist.

Bisher deutete man die unlogische Verdoppelung und Komplizierung des Betrugs nach der bei den lateinischen Komödiendichtern tatsächlich belegten Technik der *Kontamination*: Plautus habe in einem anderen griechischen Stück eine hübsche Betrugsszene gefunden und sie als zusätzlichen Gag ohne Rücksicht auf die Kohärenz und Logik der *Bacchides* übernommen. Erst die neueren Theorien des Komischen ließen erkennen, dass komisch gerade die Unlogik menschlichen Verhaltens ist, Wiederholungsszenen, in denen eine Figur ihre unglaubliche Dummheit in noch unglaublicherer Weise zum zweiten Mal begeht, deshalb zur Struktur der Komödie gehören und nicht ein aus anderen Vorlagen ausgeborgter Fremdkörper sind. Demnach hat also Plautus selbst den einen Betrug des menandrischen Sklaven verdoppelt, um das Lachen der Zuschauer über einen Vater, der sich nicht ein-, nicht zwei-, sondern gleich dreimal von seinem Sklaven hereinlegen ließ, von Intrige zu Intrige zu steigern.

8. Hintergrund

Da antike Autoren aus ihren Werken keine Einnahmen beziehen, gehören sie in der überwiegenden Mehrzahl der vermögenden Oberschicht an, die sich die Schriftstellerei als Hobby erlauben kann; da Bücher in der Antike eine teure Luxusware darstellten, sind auch die Leser weitgehend auf die höheren, vermögenden

Schichten beschränkt, die ihren Kindern das obligatorische Schulgeld für den Besuch der höheren, d. h. Rhetorenschule und für Privatunterricht in Philosophie, Mathematik, Musik bezahlen konnten, während Ärmere höchstens die Kosten für den Elementarunterricht im Lesen, Schreiben, Rechnen aufzubringen vermochten. Dies wirkt sich auf die Themenwahl antiker Literatur aus: Man findet dort kaum Interesse für den «kleinen Mann» und seine Probleme, für soziale oder wirtschaftliche Fragen und Hintergründe – einfache Menschen tauchen eher, wie z. B. in Theokrits *Bukolik*, als *naive* Dörfler zum Amüsement des raffinierten städtischen Leserpublikums oder, wie z. B. in Dions *Euboikos*, als *idyllischer* Gegenentwurf zur hektischen Stadt auf, interessieren aber kaum um ihrer selbst willen. Daher fehlen der antiken Literatur auch alle revolutionären Tendenzen. Selbst soziale Aufsteiger, wie z. B. Vergil oder Horaz, passen sich, da sie ja den Schulunterricht der führenden Kreise durchlaufen haben, der Denk- und Sehweise der Oberschicht eher an.

Umgekehrt sind die antiken *Leser* einem Bildungsideal verpflichtet, das enzyklopädisches Wissen mit eleganter Ausdrucksfähigkeit verbindet (welch Letztere aus dem heutigen, auf Wissen konzentrierten Bildungsbegriff weitgehend verschwunden ist) und den dadurch über das Plumpe, Rohe, Naturhafte hinausstrebenden Menschen erst als den wahren Menschen ansieht, wie dies das römische Ideal der *humanitas* postuliert. Daher legen die Leser größten Wert auf die Schönheit, sprachliche Eleganz, stilistische Perfektion der Literatur (s. II 4) und verlangen diese Qualität auch von Werken, die nicht zur Belletristik gehören, z. B. der philosophischen, historiographischen, einzelwissenschaftlichen Fach- oder Gebrauchsliteratur, die von den Neueren Philologien eher dem entsprechenden Fach zugewiesen wird. Obwohl z. B. Lukrez sein Lehrgedicht aus einer philosophischen Absicht heraus verfasste, um die Menschheit mit Hilfe von Epikurs Lehre aufzuklären und der Glückseligkeit zuzuführen, wählt er mit Rücksicht auf die literarischen Ansprüche seiner Leser auch einem Fachbuch gegenüber die poetische Form (1,943 ff.), ohne zu bedenken, dass Epikur selbst der Poesie ablehnend gegenüberstand:

Also nunmehr auch ich, da den meisten widrig und herb scheint
diese Lehre, die nicht hinlänglich von ihnen erforscht ist,
und der Pöbel davor zurücke schaudert: so wollt' ich
im süßredenden Liede der Pierinnen die Gründe
dir auslegen und gleichsam besprengen mit Honig der Musen,
ob es auf diese Weise vielleicht mir möge gelingen,
fest zu halten den Geist in meinen Versen, bis ganz du
schauest der Dinge Natur und ihre geschmückete Bildung.

(K. L. von Knebel)

Aus ähnlichem Antrieb wählt z. B. Varro für seine Darstellung der Landwirtschaft, die sich freilich nicht an Kleinbauern auf dem Land, sondern an die Großgrundbesitzer im römischen Senat wendet, die elegante Form des *Dialogs*, Quintilian für die Unterrichtung in Rhetorik ein voll und ganz rhetorisiertes Lehrbuch, schreiben der Architekt Vitruv, der Arzt Celsus, der Landwirtschaftsautor Columella ihre Fachbücher in schönem, literarischem Stil, Letzterer eines seiner Bücher (10: Gartenbau) sogar in Hexametern, und gibt noch Boethius am Ende der Antike seiner *Consolatio Philosophiae* einen glänzenden Stil und zahlreiche poetische Einlagen. Das Gebiet der Klassischen Philologie umfasst daher einen Literaturbegriff im weiteren Sinn, was Studierenden auch die Beschäftigung mit philosophischen oder fachwissenschaftlichen Inhalten auferlegen kann.

Vom *gebildeten* Leser erwarten antike Autoren zudem umfangreiche Belesenheit, ausgedehnte Kenntnis der Mythologie und Vertrautheit mit den philosophischen Strömungen. Phänomene wie Gattungszwang oder *Aemulatio* setzen ja Rezipienten voraus, die Anspielungen auf Texte der Vorgänger erkennen, Altes und Neues gegeneinander abwägen können, sich z. B. beim Lesen der *Aeneis* an die entsprechenden Episoden in Homers Epen, bei der Lektüre von Catulls Gedicht 51 an Sapphos Agallis-Gedicht gemahnt fühlen. Wenn etwa Ovid in der oben besprochenen Elegie 1,7 seine Gewalttat gegen Corinna mit dem Präzedenzfall:

Pessima Tydides scelerum monumenta reliquit:
  ille deam primus perculit, alter ego.
Et minus ille nocens: mihi quam profitebar amare
  laesa est, Tydides saevus in hoste fuit

vergleicht, so ist vorausgesetzt, dass der Leser – ohne einen Kommentar zu konsultieren, wie man das heute tun müsste – den Bezug zu Homer (*Il.* 5,330 ff.) herstellt, d. h. unter der Namensumschreibung «Tydides» (Tydeus' Sohn) den griechischen Helden *Diomedes*, unter der «dea», die er verletzt haben soll, die Göttin *Aphrodite* identifizieren kann und in der kurzen Andeutung «saevus in hoste fuit» die homerische Episode wiedererkennt, in der Diomedes in der Schlacht die ihrem Sohn Aeneas zu Hilfe geeilte Aphrodite angriff und verletzte; wenn Ovid im selben Gedicht Corinnas Sexappeal mit dem mythologischer Frauen gleichsetzt:

> *Sic formosa fuit: talem Schoeneida dicam*
> *Maenalias arcu sollicitasse feras,*
> *talis periuri promissaque velaque Thesei*
> *flevit praecipites Cressa tulisse Notos,*

so muss wiederum der Leser selbst hinter der «Tochter des Schoineus» bzw. «Kreterin» die gemeinten Frauen Atalante bzw. Ariadne identifizieren und sich deren Geschichte, die in nur einer Zeile angedeutet ist, vergegenwärtigen können.

Die beiden Beispiele zeigen darüber hinaus, dass Mythologie sich in der antiken Literatur nicht auf vereinzelte Werke spezifischer Thematik (z. B. Hesiods *Theogonie*, Ovids *Metamorphosen*, die griechischen Tragödien) beschränkt, denen der desinteressierte Leser ausweichen könnte, sondern in Anspielungen und Vergleichen alle Literaturwerke durchzieht. Dabei schätzen antike Leser die direkte, plumpe Namensnennung weniger als die elegante, überraschende, gelehrte Umschreibung, die ihnen selbst den Reiz des Enträtselns und im Erfolgsfall die Selbstbestätigung ihrer Bildung gewährt.

Neben mythologischen Reminiszenzen ist es vor allem ihre philosophische Prägung, die die Alterität antiker Literatur bestimmt. Nach den «anfänglichen Fragen» der Vorsokratiker, den großen Systembildungen bei Platon und Aristoteles wandelt sich die antike Philosophie für Jahrhunderte zur «Seelenführung», die sich nicht als Fachwissenschaft in Akademien zurückzieht, sondern in die Lebensführung jedes Einzelnen als Ratgeberin und Trösterin hineinwirken will. Sie durchdringt damit die Literatur weit mehr als moderne philosophische Systeme: Ohne Kenntnis der Stoa sind die *Aeneis*, die Diatribenliteratur oder die Reden des Dion Chrysostomus, ohne Einblick in den Epikureismus die Gedichte des Horaz kaum adäquat zu interpretieren, ohne Berücksichtigung der skeptischen Philosophie lässt sich die Dialektik ciceronischer Dialoge oder Gerichtsreden allenfalls vordergründig erfassen. Auch dieses Hintergrundwissen muss sich der moderne Leser oft erst erarbeiten; es sichert diesen Werken andererseits eine die Antike überdauernde Aktualität.

Eine weitere Besonderheit antiker Texte besteht darin, dass sie alle zum *lauten* Lesen bestimmt waren, da der heutige Usus des tonlosen Lesens nur mit den Augen erst in der Spätantike (Augustinus fiel diese «Unsitte» am Bischof Ambrosius auf) aufgekommen ist. Antike Autoren beachten also auch das Klangbild, die rhythmische Abfolge der Wörter (die freie Wortstellung erlaubt dies ja der griechischen und lateinischen Sprache), den Wohlklang der Prosasätze und Verse. Dies erklärt zum Teil die starke Neigung zur Stilisierung und Rhetorisierung von Texten (s. Kap. II 4): Man kann Finessen wie die Wiederholung desselben Wortes (Anapher) oder desselben Anfangsbuchstabens (Alliteration), das Spiel mit ähnlich lautenden Wörtern (Paronomasie) oder verschiedenen Formen desselben Wortes (Polyptoton), die Gestaltung einer Aufzählung zu drei gleich langen (isokoles Trikolon) oder drei stufenweise expandierenden (Trikolon der wachsenden Glieder) Gliedern, die Ersetzung einer Aussage durch einen rhetorischen Fragesatz bei stummem Lesen leicht übersehen, kaum jedoch überhören – vor allem dann nicht, wenn man den Text nicht selbst vor sich hin spricht, sondern, wie das viele Leser in der Antike gewohnt waren, sich von einem eigens auf der Schauspielschule ausgebildeten Vorlesesklaven (Anagnosten) vortragen und deklamieren ließ. Man lese zur Probe den folgenden Satz aus Apuleius' *Florida* (1,3):

Neque enim iustius religiosam moram viatori obiecerit aut ara floribus redimita aut spelunca frondibus inumbrata aut quercus cornibus onerata aut fagus pellibus coronata vel enim colliculus saepimine consecra-

*tus vel truncus dolamine effigiatus vel caespes libamine humigatus vel la-
pis unguine delibutus.*

Erst das laute Lesen nach antiker Sitte macht auf die Reime, die
dieses Stückchen Prosa verzieren, auf die konsequente Gestaltung
der acht Satzglieder mit jeweils drei Wörtern, auf den raffinierten
Gleichklang der ersten vier Ablative (floribus, frondibus, cornibus,
pellibus) und der letzten vier Ablative (saepimine, dolamine, libamine, unguine) aufmerksam. Für diesen Klangeffekt ersetzt Apuleius sogar die geläufigen Ablative *saepe, dolore* durch die seltene-
ren, aber gleichsilbigen Formen *saepimine, dolamine.*

Literaturhinweise

a) Griechische Literaturgeschichte

Altaner, B. – Stuiber, A.: *Patrologie. Leben, Schriften und Werke der Kirchenväter*, Freiburg-Basel ⁹1981.

Cambiano, G. – Canfora, L. – Lanza, D.: *Lo spazio letterario della Grecia
antica*, 5 Bde, Rom 1992–95.

Dihle, A.: *Griechische Literaturgeschichte*, Darmstadt ²1991.

Easterling, P. E. – Knox, B. M. W.: *Greek Literature*, in: Easterling – Kenney (edd.): *The Cambridge History of Classical Literature*, Bd. 1, Cambridge 1985.

Engels, L. J. – Hofmann, H. (edd.): *Spätantike*, in: *Neues Handbuch der
Literaturwissenschaft*, Bd. 4, Wiesbaden 1997.

Flacelière, R.: *Histoire littéraire de la Grèce*, Paris 1962.

Görgemanns, H. (ed.): *Die griechische Literatur in Text und Darstellung*,
5 Bde, Stuttgart 1985–91.

Hose, M.: *Kleine griechische Literaturgeschichte. Von Homer bis zum
Ende der Antike*, München 1999.

Körte, A. – Händel, P.: *Die hellenistische Dichtung*, Stuttgart ²1960.

Lesky, A.: *Geschichte der griechischen Literatur*, Bern ³1971.

Nesselrath, H.-G. (ed.): *Einleitung in die griechische Philologie*, Stuttgart-
Leipzig 1997.

Vogt, E. (ed.): *Griechische Literatur*, in: *Neues Handbuch der Literaturwissenschaft*, Bd. 2, Wiesbaden 1981.

Wischer, E. (ed.): *Propyläen-Geschichte der Literatur*, Bd. 1: *Die Welt der Antike*, Berlin 1981.

b) Lateinische Literaturgeschichte

Albrecht, M. von: *Geschichte der römischen Literatur*, 2 Bde, Bern 1992.

Albrecht, M. von (ed.): *Die römische Literatur in Text und Darstellung*, 5 Bde, Stuttgart 1985–91.

Bayet, J.: *La Littérature latine*, Paris 1965.

Bieler, L.: *Geschichte der römischen Literatur*, 2 Bde, Berlin-New York 1980.

Büchner, K.: *Römische Literaturgeschichte*, Stuttgart 1968.

Campenhausen, H. von: *Lateinische Kirchenväter*, Stuttgart-Berlin 1960.

Cavallo, G. – Fedeli, P. – Giardina, A. (edd.): *Lo spazio letterario di Roma antica*, 5 Bde, Rom 1989–91.

Conte, G. B.: *Letteratura latina*, Florenz ²1989.

Dihle, A.: *Die griechische und lateinische Literatur der Kaiserzeit*, München 1989.

Fuhrmann, M.: *Geschichte der römischen Literatur*, Stuttgart 1999.

Fuhrmann, M. (ed.): *Römische Literatur*, in: *Neues Handbuch der Literaturwissenschaft*, Bd. 3, Frankfurt 1974.

Graf, F. (ed.): *Einleitung in die lateinische Philologie*, Stuttgart/Leipzig 1997.

Herzog, R. – Schmidt, P. L. (edd.): *Handbuch der lateinischen Literatur der Antike*, Bd. 4 *(Die Literatur des Umbruchs 117–284 n. Chr.)*, Bd. 5 *(Restauration und Erneuerung 284–374 n. Chr.)*, München 1997.

Jachmann, G.: *Die Originalität der römischen Literatur*, Hildesheim 1965 (repr.).

Kenney, E. J. – Clausen, W. V. (edd.): *Latin Literature*, in: Easterling – Kenney (edd.): *The Cambridge History of Classical Literature*, Bd. 2, Cambridge 1982.

Klingner, F.: *Römische Geisteswelt. Essays zur lateinischen Literatur*, Stuttgart 1979.

Leo, F.: *Geschichte der römischen Literatur*, Bd. 1: *Die archaische Literatur*, Berlin 1913.

Maurach, G.: *Methoden der Latinistik*, Darmstadt 1998.

Montanari, F.: *La poesia latina*, Rom 1991.

Temporini, H. (ed.): *Aufstieg und Niedergang der römischen Welt* (ANRW), Bd. 1ff., Berlin-New York 1972ff.

Williams, G.: *Tradition and Originality in Roman Poetry*, Oxford 1968.
Wischer, E. (ed.): *Propyläen-Geschichte* ... (s. o.)

c) Gattungen

Anderson, G.: *Ancient Fiction*, London 1984.

Andrieu, J.: *Le Dialogue antique. Structure et présentation*, Paris 1956.

Blass, F.: *Die attische Beredsamkeit*, 3 Bde, Leipzig 1887.

Bowra, M.: *Greek Lyric Poetry*, Oxford ²1961.

Büchner, K.: *Die römische Lyrik*, Stuttgart 1976.

Burck, E. (ed.): *Das römische Epos*, Darmstadt 1979.

Cairns, F.: *Generic Composition in Greek and Latin Poetry*, Edinburgh 1972.

Coffey, M.: *Roman Satire*, London-New York 1976.

Dorey, T. A. – Dudley, D. R. (edd.): *Roman Drama*, London 1965.

Duckworth, G. E.: *The Nature of Roman Comedy*, Princeton 1952.

Effe, B.: *Dichtung und Lehre. Untersuchungen zur Typologie des antiken Lehrgedichts*, München 1977.

Effe, B. – Binder, G.: *Die antike Bukolik. Eine Einführung*, München-Zürich 1989.

Ehus, A.: *L'Histoire à Rome*, Paris 1978.

Ferrero, L.: *Rerum scriptor. Saggi sulla storiografia romana*, Triest 1962.

Flach, D.: *Einführung in die römische Geschichtsschreibung*, Darmstadt 1985.

Fränkel, H.: *Dichtung und Philosophie des frühen Griechentums*, München ³1969.

Fuhrmann, M.: *Das systematische Lehrbuch. Ein Beitrag zur Geschichte der Wissenschaften in der Antike*, Göttingen 1960.

Grant, M.: *The Ancient Historians*, London 1970.

Grimal, P.: *Le Lyrisme à Rome*, Paris 1978.

Hägg, T.: *The Novel in Antiquity*, Oxford 1983.

Holzberg, N.: *Die antike Fabel*, Darmstadt 1983.

Holzberg, N.: *Die römische Liebeselegie. Eine Einführung*, Darmstadt 1990.

Holzberg, N.: *Der antike Roman. Eine Einführung*, Darmstadt 1986.

Knoche, U.: *Die römische Satire*, Göttingen 1957.

Krumreich, R. – Pechstein, V. – Seidensticker, B.: *Das griechische Satyrspiel*, Darmstadt 1999.

Lefèvre, E. (ed.): *Das römische Drama*, Darmstadt 1978.

Lendle, O.: *Einführung in die griechische Geschichtsschreibung*, Darmstadt 1992.

Leo, F.: *Die griechisch-römische Biographie nach ihrer literarischen Form*, Leipzig-Berlin 1901.

Lesky, A.: *Die tragische Dichtung der Hellenen*, Göttingen [3]1972.

Lyne, R. O. A. M.: *The Latin Love Poets*, Oxford 1980.

Martin, J. – Gaillard, J.: *Les Genres littéraires à Rome*, Paris [2]1990.

Meister, K.: *Griechische Geschichtsschreibung*, Stuttgart 1990.

Misch, G.: *Geschichte der Autobiographie*, Bd. 1: *Das Altertum*, Leipzig-Berlin 1907.

Newman, J. K.: *The Classical Epic Tradition*, Madison 1986.

Peter, H.: *Der Brief in der römischen Literatur*, Leipzig 1901.

Schetter, W.: *Das römische Epos*, Wiesbaden 1978.

Seeck, G. A. (ed.): *Das griechische Drama*, Darmstadt 1979.

Stuart, D. R.: *Epochs of Greek and Roman Biography*, Berkeley 1928.

Veyne, P.: *L'Élégie érotique romaine*, Paris 1963.

Walsh, P. G.: *The Roman Novel*, London 1970.

Zimmermann, B.: *Die griechische Komödie*, Düsseldorf-Zürich 1998.

d) Rhetorik, Rezeption

Clark, D. L.: *Rhetoric in Greco-Roman Education*, New York 1957.

Clarke, M. L.: *Die Rhetorik bei den Römern*, Göttingen 1968.

Eisenhut, W.: *Einführung in die römische Kunstprosa*, Darmstadt 1983.

Fuhrmann, M.: *Die antike Rhetorik. Eine Einführung*, Zürich 1984.

Kennedy, G.: *A History of Rhetoric*, 3 Bde, Princeton 1963–83.

Lausberg, M.: *Handbuch der literarischen Rhetorik*, 2 Bde, Stuttgart [3]1990.

Lausberg, M.: *Elemente der literarischen Rhetorik*, München 1963.

Leeman, A. D.: *Orationis ratio. The Stylistic Theory and Practice of the Roman Orators, Historians and Philosophers*, Amsterdam 1963.

Martin, J.: *Antike Rhetorik. Technik und Methode* (Handbuch der Altertumswissenschaft II 3), München 1974.

Norden, E.: *Antike Kunstprosa* , 2 Bde, Leipzig-Berlin [3]1915.

Salles, C.: *Lire à Rome*, Paris 1992.

Usher, S.: *Greek Oratory*, Oxford 1999.

Volkmann, R.: *Die Rhetorik der Griechen und Römer*, Leipzig [2]1885.

Woodman, T. – Powell, J. (edd.): *Author and Audience in Latin Literature*, Cambridge 1992.

e) Metrik

Crusius, O.: *Römische Metrik*, München 1929.

Drexler, H.: *Einführung in die römische Metrik*, Darmstadt 1974.

Fraenkel, E.: *Leseproben aus Reden Ciceros und Catos*, Rom 1968 (zum Klauselrhythmus).

Korzeniewski, D.: *Griechische Metrik*, Darmstadt 1968.

Rupprecht, K.: *Einführung in die griechische Metrik*, München 1950.

Snell, B.: *Griechische Metrik*, Göttingen 1955.

III. Die Überlieferung und ihre Erforschung

Der Publikation literarischer Werke diente bei Griechen und Römern bis ins 4. Jh. n. Chr. ausschließlich die Papyrusrolle. Aus dem Mark der nur in Ägypten wachsenden Papyrusstaude wurden feine Streifen geschnitten, diese überlappend nebeneinander, dann eine Lage mit senkrechten und eine mit waagrechten Streifen aufeinander gelegt, behämmert und durch den austretenden Zellsaft verleimt. Die getrockneten Einzelblätter wurden zu Rollen (3–10 m Länge) zusammengeklebt und auf der Innenseite, dem *Recto* mit den waagrechten Markstreifen, in schmalen, oft über die Klebenaht hinwegreichenden Kolumnen – manchmal unter Auslassung von Vorsatzblättern am Anfang (πρωτόκολλον) und Schluss – beschrieben, wobei Verfasser- und Titelangabe auf einem Außenetikett (σίλλυβος) und, da die erste Seite am leichtesten verloren gehen konnte, als *Explicit*, d. h. am Schluss des Werks, angebracht wurden. Griechen und Römer waren daher nicht in der Lage, in ihren Büchern herumzublättern oder eine bestimmte Seite gezielt aufzuschlagen, sondern mussten die Rollen vorsichtig – Papyrus ist brüchiger als Papier – abwickeln (ἀνελίττειν βιβλίον, *evolvere librum*); sie konnten die Rollen beim Lesen auch kaum auf einem Pult ablegen, um die Hände zum Blättern oder Exzerpieren frei zu haben, sondern hielten – meistens im Stehen – die an Holzstäbe angeheftete Buchrolle in beiden, mit Auf- bzw. Abwickeln beschäftigten Händen. So erklärt sich, dass Reden in Hellas und Rom nie vom Blatt, sondern frei gehalten und andererseits Texte lieber ungenau nach dem Gedächtnis zitiert wurden, da die Suche nach der genauen Textstelle zeitraubender als heutiges Aufschlagen einer Seite gewesen wäre (Gebildete kannten daher viele Texte auswendig); aus demselben Grund ließen sich in der Antike viele «Leser», sofern sie reich genug waren, lieber von einem Vorleseklaven vorlesen (Plinius d. J. berichtet in seinen Briefen anschaulich über diese «Lese»-Gewohnheit) bzw. umgekehrt beim Lesen von einem Sekretär assistieren, der Exzerpte und Notizen nach Diktat aufzunehmen hatte (so bereitete z. B. Plinius d. Ä. seine materialreiche *Historia naturalis* vor).

Reste solcher Papyrusrollen wurden in einer griechischen Philosophenschule unter Vulkanasche in Herculaneum und in den Wüstengebieten im Osten des Römerreichs (Ägypten, bes. Oxyrhynchos, und Mesopotamien, bes. Dura-Europos) ausgegraben, von den meisten freilich nur eine Seite oder Bruchstücke hiervon. Sie enthalten überwiegend griechische Texte, in der Mehrzahl (als so genannte *dokumentarische Papyri*) private, geschäftliche oder amtliche Schriftstücke (Briefe, Notizen, Inventare, Kauf- und Pachtverträge, Testamente, Steuerlisten u. dgl.), deren Erforschung eher der Wirtschafts-, Sozial-, Rechts- und Sprachgeschichte obliegt; etwa zehn Prozent der vorhandenen Papyri enthalten Fragmente von Literaturwerken, teils von sonst verlorenen Werken (z. B. Sappho, Alkaios, Bakchylides, Kallimachos, Menander, Hypereides, theologische Schriften des Origenes und Didymos, Trivialromane). Die Anzahl lateinischer Papyri – darunter Raritäten wie der Papyrus von Qasr Ibrîm mit Versen des verschollenen Cornelius Gallus oder ein in Barcelona befindliches Exemplar eines anonymen Alcestis-Gedichts aus der Spätantike – ist demgegenüber sehr gering, da Latein nur in der Westhälfte des Römischen Reichs gebräuchlich war (lingua franca der Osthälfte war Griechisch), dort aber die Bedingungen für die jahrhundertelange Erhaltung von Papyri – extreme Trockenheit von Klima und Boden, extrem niedriger Grundwasserspiegel – nicht gegeben, daher fast alle Papyri längst vermodert sind. Papyri nach so langem Luft- und Feuchtigkeitsabschluss wieder benutzbar zu machen, ihre zum Teil fremden Schriftformen zu entschlüsseln und ihren Wortlaut zu veröffentlichen, ist Aufgabe einer Spezialdisziplin, der *Papyrologie*.

Wohl nach einer gemischten Übergangsphase verwendet man vom 4. Jh. n. Chr. an statt der Papyrusrolle den aus Einzelblättern gebundenen Pergamentcodex, den Vorläufer des heutigen Buchs, mit dem das bequeme Handling und rasche Durchblättern, das wir im Umgang mit Büchern gewohnt sind, erst aufkommt; auch der unbegrenzte Umfang des Codex gegenüber der Rolle, die bei Überlänge unter ihrem Eigengewicht durchreißt, und die Möglichkeit,

Vorder- und Rückseite des Pergaments zu beschreiben, förderten die rasche Aufnahme dieser Erfindung. Pergament ist Tierhaut, die durch Abschaben und Kalkbäder präpariert wurde, und zeigt eine glattere Fleisch- und eine weniger schöne Haarseite. Auf Pergament schrieb man in Antike und Mittelalter – meistens auf vorher mit Hilfe eines Metallkamms eingeprägten Linien – mit brauner, säurehaltiger Tinte, die sich mit Wasser abwaschen oder mittels eines Rasiermessers abschaben ließ; auf diese Weise konnte man teure Pergamentblätter, deren Text unnütz geworden war, zur Wiederverwendung herrichten *(palimpsestieren)*. Da die abgeschabte Tinte jedoch unsichtbare chemische Spuren hinterließ, kann man mit Infrarot- und Ultraviolettstrahlen die verschwundene Schrift wieder einigermaßen lesbar machen; solchen Palimpsest-Handschriften verdankt die Klassische Philologie die Wiedergewinnung von sonst verlorenen Texten wie Ciceros *De re publica* (abgeschabt zugunsten von Augustinustexten), Gaius' Lehrbuch des römischen Rechts (unter Hieronymustext) oder Frontos Briefwechsel.

Der Pergamentcodex *(codex membranaceus)* blieb bis zum 13. Jahrhundert vorherrschend und erhielt dann zunehmend Konkurrenz durch die Papierhandschrift (*codex bombycinus* oder *chartaceus*); die Papierherstellung wurde im 11. Jahrhundert von den Arabern nach Europa vermittelt. Literarische Werke, die im 4./5. Jh. n. Chr. den Wechsel von der Rolle zum Codex – teils zufällig, oft aber, weil sie damals zu veraltet, uninteressant, anspruchsvoll oder anstößig erschienen – verpassten, wurden nicht mehr weiter durch Abschriften verbreitet, sind in die handschriftliche Überlieferung des Mittelalters also nicht eingegangen und deshalb heute (abgesehen von den Papyrusfunden) verloren. Sie lagen zwar während der Antike noch in wenigen Bibliotheken aus, wurden aber dort nicht mehr erneuert und immer weniger gelesen, da für den Codex eigens eine neue Schriftform (Majuskeln) ausgewählt worden war und viele Leser deshalb die älteren Schriftformen der Papyri kaum mehr kannten. Mit dem Untergang der Bibliotheken während der Völkerwanderungszeit sind diese Rollen endgültig verloren gegangen.

Die für Rollen bzw. Codices verwendeten griechischen bzw. lateinischen Schriften (Majuskeln, Minuskeln, gotische Fraktur u. dgl.) und Abkürzungen (Ligaturen wie & = *et*; Abbreviaturen wie ē = *est*; Suspensionen wie dms = *dominus)* wechseln in Antike und Mittelalter von Jahrhundert zu Jahrhundert, innerhalb desselben Schriftsystems auch von Region zu Region. Das Entziffern dieser unterschiedlichen Buchstaben- und Abkürzungsformen ist dem Benutzer kritischer Textausgaben vom Herausgeber schon vorweggenommen; trotzdem sollten sich Studierende der Klassischen Philologie durch Lehrveranstaltungen in *Paläographie,* der mit der Erforschung alter Schriftformen betrauten Teildisziplin, wenigstens über dieses Phänomen informieren.

Antike Bücher waren nicht gerade billig; da zudem der Schulbesuch in der Antike bezahlt werden musste, verfügte nur die begüterte Oberschicht über das Bildungsniveau, das für ein Interesse an bzw. Verständnis von Literatur vorauszusetzen ist. Bücher wurden daher in geringer Stückzahl produziert, was Werke, die das Interesse des Publikums verloren, rasch in die Gefahr gänzlichen Verschwindens brachte (z. B. trieb um 180 n. Chr. Gellius nur noch in der Provinzbibliothek von Patras ein Exemplar des ältesten und längst unmodern gewordenen Epos der Römer auf). Dem wirkte die Einrichtung von Bibliotheken entgegen, die in Hellas und Rom zunächst von Privatpersonen und Philosophenschulen betrieben, im griechischen Raum später von den hellenistischen Herrschern (ab 300 v. Chr.), in Rom erst von den Principes (die Feldherrn der römischen Republik betrachteten die konfiszierten Bibliotheken, z. B. Aemilius Paullus die des besiegten Makedonenkönigs, noch als ihre persönliche Kriegsbeute) finanziert wurden. Die berühmteste staatliche Bibliothek war das von Ptolemaeus I. (305–285 v. Chr.) in Alexandria errichtete Mouseion, das 700 000 griechische Papyrusrollen (darunter viele Unikate) umfasste, jedoch bei der Eroberung Alexandrias durch Caesar 47 v. Chr. abbrannte; mit ihm wetteiferten die meisten anderen hellenistischen Könige, besonders die von Pergamon, im Büchersammeln. Während die griechischen Bibliotheken der Sichtung, Katalogisierung, Textkritik und Kommentierung der griechischen Literatur dienten und nur den Gelehrten zugänglich waren, standen die römischen Staatsbibliotheken (die ersten Gründungen erfolgten durch Caesar und Augustus in Rom), die sich allmählich über alle Provinzen ausbreiteten (am besten erhalten ist die 135 n. Chr. vollendete Celsusbibliothek in Ephesus), dem breiten Publikum offen, das dort Lesesäle mit offenen Bücherregalen vorfinden und sich in einem Saal mit griechischer, im anderen mit lateinischer Literatur befassen konnte. Die Konzentrierung der Bücherbestände auf Großbibliotheken führte auch in der Antike einerseits zur Erhaltung, in Kriegen aber auch oft zur schlagartigen Vernichtung nicht weniger, vor allem seltener Literaturwerke.

Im Oströmischen Reich wurde diese Bibliothekstradition seit Kaiser Konstantin fortgesetzt, wie die Patriarchats-, die Palastbibliothek und die Universitätsbibliotheken des spätantiken Konstantinopel und mittelalterlichen Byzanz und die byzantinischen Klosterbibliotheken (Athos) zeigen. Was an griechischer Literatur den Übergang von der Rolle zum Codex und später die Zerstörungen von Bibliotheken überlebt hatte (darunter heute verlorene Werke des Hipponax, Kallimachos, Gorgias, Hypereides), belief sich im Jahre 475 n. Chr. immerhin noch auf 120000 Bände. Bibliotheksbrände und Kriege, die Plünderung von Byzanz durch die Kreuzfahrer (1204), aber auch die Veränderungen der byzantinischen Kultur, die manches antike Werk unbrauchbar erscheinen ließen, dezimierten diesen Bestand. Während des Mittelalters gab es im lateinischen Westeuropa keine Griechischkenntnisse mehr; erst die Renaissance (Petrarca, Boccaccio, Salutati) lenkte die Aufmerksamkeit wieder auf diesen Teil des antiken Erbes, ermöglichte durch die Einrichtung von Griechischprofessuren (erstmals um 1350 in Florenz) die Wiederbegegnung mit griechischen Texten und veranlasste vom 14. Jahrhundert an einen ständigen Zustrom griechischer Gelehrter und Bücher nach Westeuropa, wobei die Handelsbeziehungen italienischer Städte, besonders Venedigs, mit Byzanz förderlich wirkten. Als im 15. Jahrhundert Staat und Kultur von Byzanz durch das Vordringen der Türken immer mehr geschwächt und 1453 vernichtet wurden, rettete das neu erwachte Interesse der Renaissancegelehrten und der als Büchersammler aktiven Renaissancefürsten (Lorenzo de' Medici, Papst Nikolaus V., die Dogen von Venedig) den heute erhaltenen Bestand an griechischer Literatur – weit über zwei Drittel sind jedoch unwiederbringlich verloren.

In der westlichen, lateinischen Hälfte des Römischen Reichs erlahmt dagegen die für die Förderung der Bibliotheken wichtige staatliche Zentralmacht. Die Verheerungen während der Völkerwanderungszeit und noch mehr während der Rückeroberung Italiens durch den oströmischen Kaiser Justinian (6. Jh. n. Chr.) führen zur Zerstörung vieler Bibliotheken und zu solcher Verarmung unter der Bevölkerung, dass auch private Büchersammler fehlen, das allgemeine Interesse an und die Geldmittel für Bildung schwinden und im 7./8. Jh. n. Chr. gänzlich ausbleiben. Die einzigen Förderer der Bildung und Literatur im Westen sind während dieser Notzeit die Klöster, die nach dem Vorbild von Cassiodors Kloster Vivarium (gegr. 540) und nach Mönchsregeln wie der Benedikts, die das Kopieren geeigneter Bücher anordnen, lateinische Literatur bewahren und pflegen – freilich in erster Linie Werke, die für ihre Bedürfnisse geeignet schienen (Schulschriftsteller wie Cicero, Sallust, Vergil, Ovid; philosophisch-moralische Autoren wie Cicero, Seneca, Horaz, Juvenal; Fachliteratur, Kirchenväter) oder aus Lokalpatriotismus gehegt wurden (die einzige Handschrift der Gedichte des *Veronesers* Catull wurde 965 n. Chr. in *Verona* wiederentdeckt), während anderes dem Desinteresse anheim fiel und oft unterging oder palimpsestiert wurde. Besondere Verdienste um die Erhaltung der lateinischen Literatur erwarben sich die irischen Klöster (in Irland und auf dem von Iren missionierten Festland) seit dem 7. Jahrhundert und Karl d. Gr., der den Klöstern seines Reichs auftrug, die noch vorhandene Literatur der römischen Antike zu sammeln, durch neue Abschriften wieder zu verbreiten und zur Grundlage des höheren Schulunterrichts zu machen (seit dieser so genannten Karolingischen Renaissance war Latein im Mittelalter die internationale Sprache aller Bildung, Wissenschaft und Universitäten). Während das Mittelalter die lateinischen Autoren eher als Schulschriftsteller sah, entdeckte die Renaissance sie neu als inspirierende Vorbilder des eigenen künstlerischen Schaffens; die dadurch geweckte Suche nach mehr lateinischen Texten als den durch

Schule und Universität vermittelten ließ jahrhundertelang vergessene Codices wieder ans Licht ziehen und retten (z. B. Ciceros Briefe, Lukrez, Tacitus' *Germania*, Valerius Flaccus, Statius' *Silvae*, Ammianus Marcellinus). Der größte Teil der antiken lateinischen Literatur ist allerdings verloren; man kennt noch die Namen von 772 ihrer Autoren, doch von nur 144 sind heute noch Texte erhalten – von 37 Autoren noch das Gesamtwerk, von 43 ein größerer, von 64 ein kleiner Teil ihres einstigen Œuvres.

Texte der griechisch-römischen Antike sind außerdem auf Münzen bzw. Inschriften erhalten und werden von den Teildisziplinen *Numismatik* bzw. *Epigraphik* erschlossen, die das Material durch Datieren, Entziffern, Auflösen der zahlreichen Abkürzungen, Rekonstruieren zerstörter Teile, gegebenenfalls (bei nicht *in situ* aufgefundenen Stücken) Lokalisierung aufbereiten. Inschriften auf verderblichem Material (Holz, Leinen, Leder) sind weitgehend verloren, von den in Metall eingravierten wurden viele später eingeschmolzen, und selbst die Steininschriften blieben nicht von späterem Recycling der Marmorblöcke zum Hausbau oder zum Kalkbrennen verschont; Graffiti und Wandkritzeleien, die es in der Antike nicht weniger gab als heute, sind größtenteils dem Verwittern der Ruinen zum Opfer gefallen (in größerer Zahl nur in Pompeji und Herculaneum unter Vulkanauswurf konserviert). Dass auch hier viel verloren ging, zeigt der Senatsbeschluss zur Ehrung des verstorbenen Germanicus (vgl. Tacitus, *ann.* 2,83): Obwohl er in *allen* Kolonien und Munizipien des Reichs inschriftlich veröffentlicht werden sollte, wurde er bisher nur in *zwei* römischen Städten wiedergefunden. Trotzdem ist die (durch Ausgrabungen ständig wachsende) Zahl inschriftlich erhaltener Texte riesig: Das von Th. Mommsen 1863 initiierte *Corpus Inscriptionum Latinarum (CIL)*, das alle lateinischen Inschriften der Antike nach Regionen geordnet präsentiert, umfasst derzeit ca. 170 000 Texte; die Summe der in verstreuten Sammlungen (darunter als Kerne *CIG = Corpus Inscriptionum Graecarum*, *IG = Inscriptiones Graecae*, *SEG = Supplementum Epigraphicum Graecum*) publizierten griechischen Inschriften übersteigt noch diese Zahl.

Die meisten Inschriften sind staatlicher (Gesetze, Edikte, Staatsverträge, Senatsbeschlüsse) oder amtlicher (Bauinschriften, Tribut-listen, Amtsakten wie die *Didaskalien* und Siegerlisten der atheni-schen Theaterverwaltung) Natur, dienen der Verewigung einzelner Personen oder der Weihung von Objekten an die Götter, markieren als so genannte Kleininschriften Hersteller oder Besitzer von Ge-genständen. Ihre Auswertung obliegt daher weniger der Klassi-schen Philologie als der Alten Geschichte, Religionswissenschaft, Sprachgeschichte. Nicht wenige Inschriften sind aber auch direkt von philologischem Interesse: «Politische» Inschriften bieten eine Parallelversion zu den Berichten der antiken Geschichtsschreiber, Grab- und Ehreninschriften ergänzen die Biographie antiker Auto-ren, viele Inschriften sind in Gedichtform (Grab-, Ehren-, Weihepi-gramme, Götterhymnen) oder zitieren Verse aus der Literatur, was Rückschlüsse auf die Verbreitung einzelner Werke bzw. auf das Bil-dungsniveau der jeweiligen Zeit erlaubt, andere dokumentieren «volkstümliche», d. h. nicht handschriftlicher Tradierung gewür-digte Gattungen wie das Lied (Grabschrift für Seikilos aus Tralleis mit einem Lied und den dazugehörigen Musiknoten) oder die Volkserzählung (Inschrift aus Paros mit der Erzählung von der Be-rufung des Dichters Archilochos durch die Musen), manche errei-chen durch Stilisierung und Gehalt literarisches Niveau, z. B. das berühmte *Monumentum Ancyranum* aus Ankara mit dem klas-sisch-lapidaren Tatenbericht des 76-jährigen Augustus, die als *lau-datio Turiae* bekannte Grabrede eines anonymen Ehemanns auf seine Gattin, die die Abenteuer eines von den römischen Proskrip-tionen Verfolgten und seine Rettung durch die Unerschrockenheit der Gattin erzählt (*CIL* 1527.31670.37053), die missionarische In-schrift eines Diogenes, der seinen griechischen Mitbürgern in Oi-noanda die epikureische Heilslehre vor Augen stellen wollte. In-schriften präsentieren außerdem Zeugnisse der lokalen Sprachen (Phrygisch, Lykisch, Thrakisch, Iberisch, Keltisch, Punisch, Numi-disch, Oskisch, Umbrisch, Faliskisch, Etruskisch etc.), die in der Klassischen Antike neben den beiden Literatursprachen Griechisch und Latein in Gebrauch waren, von der antiken Literatur aber ge-mieden wurden.

Literaturhinweise

a) Überlieferungsgeschichte

Cambiano, G. (ed.): *Lo spazio letterario della Grecia antica*, 5 Bde, Rom 1992 – 95.

Canfora, L.: *Conservazione e perdita dei classici*, Padua 1974.

Cavallo, G. (ed.): *Lo spazio letterario di Roma antica*, 5 Bde, Rom 1989 – 91.

Hunger H. – Langosch, K. (edd.): *Geschichte der Textüberlieferung der antiken und mittelalterlichen Literatur*, 2 Bde, Zürich 1961 – 64.

Reynolds, L. D.: *Text and Transmission. A Survey of the Latin Classics*, Oxford 1983.

Reynolds, L. D. – Wilson, N. G.: *Scribes and Scholars. A Guide to the Transmission of Greek and Latin Literature*, Oxford [2]1978.

b) Buch- und Bibliothekswesen

Birt, T.: *Das antike Buchwesen*, Berlin 1882.

Blanchard, A.: *Les Débuts du codex*, Turnhout 1989.

Blanck, H.: *Das Buch in der Antike*, München 1992.

Capasso, M. (ed.): *Volumen. Aspetti di tipologia del rotolo librario antico*, Neapel 1995.

Cavallo, G.: *Le Biblioteche nel mondo antico e medievale*, Rom-Bari 1988.

Fehrle, R.: *Das Bibliothekswesen im alten Rom*, Freiburg 1986.

Roberts, C. H. – Skeats, T. C.: *The Birth of the Codex*, Oxford 1935.

c) Paläographie

Bischoff, B.: *Paläographie des römischen Altertums und des abendländischen Mittelalters*, Berlin 1979.

Cappelli, A.: *Dizionario di abbreviature latine ed italiane*, Mailand [6]1990.

Foerster, H.: *Abriß der lateinischen Paläographie*, Stuttgart [2]1963.

Gardthausen, V.: *Griechische Paläographie*, 2 Bde, Leipzig [2]1911 – 13.

Schubart, W.: *Griechische Paläographie*, München 1925.

d) Papyrologie

Bagnall, R. S.: *Reading Papyri, Writing Ancient History*, London 1995.

Rupprecht, H.-A.: *Kleine Einführung in die Papyruskunde*, Darmstadt 1994.

Turner, E. G.: *Greek Papyri*, Oxford 1968.

Turner, E. G.: *The Papyrologist at Work*, Durham 1973.

e) Epigraphik

Corbier, P.: *L'Épigraphie latine*, Paris 1998.

Gordon, A. E.: *Illustrated Introduction to Latin Epigraphy*, Berkeley-Los Angeles 1983.

Klaffenbach, G.: *Griechische Epigraphik*, Göttingen ²1966.

Robert, L.: *Die Epigraphik der Klassischen Welt*, Bonn 1970.

Woodhead, A. G.: *The Study of Greek Inscriptions*, Cambridge ²1981.

IV. Textkritik

Ausgangspunkt jeder philologischen Interpretation ist der authentische Wortlaut des jeweiligen Literaturwerks. Während dieser für die Texte des 17. bis 20. Jahrhunderts fast immer problemfrei ist, da die gedruckten Ausgaben ebendiesen Originalwortlaut wiedergeben und für etwaige Zweifelsfälle die Manuskripte und Entwürfe der Autoren als einmalige Dokumente in Bibliotheken und Archiven zur Einsichtnahme aufbewahrt werden, kann die Klassische Philologie nicht ebenso rasch zum Interpretieren und Hinterfragen der Texte übergehen, da die Originale der griechisch-römischen (und auch noch der mittelalterlichen, z. B. mittellateinischen, mittelhochdeutschen, altfranzösischen etc.) Werke allesamt verloren sind. Der erste eigenhändige Text eines antiken Autors, ein Papyrus mit Gedichten des Griechen Dioskoros, stammt erst aus dem 6. Jh. n. Chr., die älteste erhaltene Vergilhandschrift ist im 4./5. Jh. n. Chr., also 400 Jahre nach Vergils Tod, entstanden.

Antike Texte wurden im Altertum und Mittelalter handschriftlich, d. h. durch Abschreiben (zunächst aus dem Original, später aus jüngeren Exemplaren) verbreitet und durch die Jahrhunderte weitergegeben. Als Schreiber begegnen teils professionelle Kopisten (z. B. besaß Ciceros Freund Atticus einen solchen «Verlag», indem er eine Gruppe speziell ausgebildeter Sklaven Manuskripte, meist nach Diktat, kopieren ließ und die so entstandenen «Bücher», darunter Ciceros philosophische Schriften, verkaufte), teils literarisch interessierte Laien, im Mittelalter die im lateinischen Abendland wie im griechischen Byzantinerreich mit der Sorge für Schule und Bildung betrauten Mönche in den Skriptorien ihrer Klöster, in der Renaissance schließlich die den neuen Berufsstand der Humanisten bildenden gelehrten Philologen. Nach aller Erfahrung führt solches Abschreiben, sei es durch mitdenkende und dabei nicht selten korrigierende, sei es durch mechanisch arbeitende und dabei oft flüchtige oder verständnislose Kopisten unvermeidbar zu Fehlern, d. h. Abweichungen vom Text der jeweiligen Vorlage (oder gar vom Originalwortlaut, sofern die Vorlage an der betreffenden Stelle diesen noch korrekt bewahrte); als Ursachen solcher Textverderbnisse wirken u. a. die schlechte Lesbarkeit der Vorlage (was vor allem dann droht, wenn letztere in einer alten, dem Abschreiber nicht mehr geläufigen Schriftform geschrieben war oder, ein häufiger Fall, Abkürzungen benutzte, die dem Kopisten unverständlich waren), sehr oft die Unkonzentriertheit oder Ermüdung der Schreiber (was sich z. B. im unbemerkten Überspringen von Zeilen oder Überblättern von Seiten der Vorlage, im Verwechseln ungewöhnlicher Wörter der Vorlage mit geläufigen oder ähnlichen, im Abgleiten des Auges von einem Wort der Vorlage zu einem ähnlichen Wort unter Auslassung des dazwischen stehenden Textstücks bemerkbar macht), seltener die Achtsamkeit des Kopisten, der die Vorlage «verbessern», glätten, verschönern (die Philologie spricht von Emendieren) zu müssen meint, gleichwohl aber deren korrekten Wortlaut (und ggf. den des Originaltexts) ebenso zerstört wie der unaufmerksame Schnellschreiber. Jeder Abschreiber übernimmt die individuellen Fehler seiner Vorlage und vermehrt diese noch durch seine eigenen: Daher ist keine der erhaltenen Handschriften eines antiken Textes mit dem Original oder auch nur mit den anderen Abschriften identisch, während der Buchdruck Tausende von identischen Exemplaren ein und desselben Textes produziert. Der aus dem Vergleich aller einschlägigen Handschriften resultierende Text eines antiken Werks ist also nicht eindeutig, sondern an vielen Stellen in verschiedene Lesarten des einen Ursprungswortlauts gespalten, ja aus methodischer Vorsicht muss jede Angabe einer Handschrift zunächst verdächtigt werden, nicht mehr den Originalwortlaut, sondern eine seiner späteren Entstellungen zu präsentieren. Könnte man diese divergierenden Lesarten noch mit dem authentischen Manuskript des Autors vergleichen, wäre sofort Klarheit gewonnen; wegen des Verlusts der Originale muss für die antiken und mittelalterlichen Literaturen stattdessen mit Hilfe der philologischen Teilwissenschaft «Textkritik» versucht werden, den ursprünglichen Wortlaut anhand möglichst objektiver, nachprüfbarer Kriterien aus dem Mehrerlei der Lesarten wieder herauszufinden oder zu rekonstruieren. Das Resultat ist die für die Klassische Philologie charakteristische «kritische Textausgabe» (wobei das Adjektiv nicht ästhetisch-literarische Kritik, sondern Textkritik in Aussicht stellt), die demnach nicht einfach den authentischen Text des Originals reproduziert, sondern denjenigen Wortlaut eines Werks vorlegt, den der jeweilige Herausgeber – unter Vorbehalt möglichen Irrtums oder gelegentlichen Misslingens – aus der diffusen handschriftlichen Überlieferung als den originalen, authentischen erschließen zu können glaubt.

Eine kritische Textausgabe enthält am Fuß jeder Seite einen *kritischen Apparat*, in welchem der Herausgeber alle Lesarten zu einer Stelle verzeichnet, aus denen er seine Wahl zu treffen hatte. Damit soll vermieden werden, dass den Benutzern seiner Edition *seine* Entscheidung zwischen den Lesarten aufgedrängt wird; sie erhalten vielmehr die Möglichkeit, die Ansicht des Herausgebers zu überprüfen und gegebenenfalls eine *andere*, einleuchtendere Lesart aus einer der übrigen Handschriften auszusuchen. Nach internationalem Standard werden die Lesarten im Apparat in normaler Schrift, etwaige Bemerkungen des Herausgebers hierzu (stets in lateinischer Sprache und meistens abgekürzt, was Anfängern das Entschlüsseln erschwert) in kursiver, die Buchstaben *(Siglen)*, mit denen die einzelnen Handschriften bezeichnet werden (es wäre zu umständlich, jedes Mal ihren vollen Namen, z. B. Parisinus graecus 2720, Monacensis latinus 14486, auszuschreiben), in fetter Schrift wiedergegeben, werden die einzelnen Lesarten zu einer Textstelle durch Doppelpunkte voneinander abgesetzt und der Übergang zur nächsten textkritisch durchzuprüfenden Stelle durch einen größeren Zwischenraum angezeigt. Man kann die Lesarten in der benutzerfreundlichen Form eines *positiven Apparats* auflisten, indem man sie alle, auch die schon oben in den gedruckten Text eingesetzte, mit Herkunftsangabe präsentiert, oder im platzsparenden *negativen Apparat*, der nur noch die abgelehnten Lesarten vorlegt und sich für die zum Druck auserkorene mit der oben stehenden Textseite begnügt (aus welcher Handschrift diese Lesart stammt, muss der Leser dann selbst kombinieren: aus der jeweils unten im Apparat nicht erwähnten).

In Senecas Tragödie *Hercules Furens* besingt der Chor v. 132 ff.

einen Sonnenaufgang gemäß der mythologischen Vorstellung vom Sonnenwagen, auf dem der Sonnengott tagsüber seine himmlische Bahn zieht und nachts in den Ozean hinabtaucht, aus dem er morgens wieder strahlend emporsteigt:

(132) *Iam caeruleis evectus aquis*
(133) *Titan summa prospicit Oeta,*

wozu der kritische Apparat (in positiver Fassung) vermerkt:

(132) aquis *recc.*: equis E.

Dies bedeutet, dass nach dem Wortlaut der jüngeren Handschriften *(recentiores)* Seneca den Sonnengott Titan aus den «blauen Wassern/*caeruleis aquis*» des Ozeans, nach dem Wortlaut der älteren Handschrift **E** (Laurentianus 37,13) dagegen mit einem «blauen Pferdegespann/*caeruleis equis*» emporsteigen sah. Beide Lesarten sind hinsichtlich Grammatik, Wortwahl, Metrik einwandfrei (könnte man einer von ihnen hierin Fehler nachweisen, wäre sie als späterer Abschreibfehler entlarvt); beide fügen sich gut in den mythologischen Hintergrund, erstere mit der Anspielung auf das blaue Wasser, dem der Sonnengott morgens entsteigt, letztere mit der poetischen Übertragung des strahlenden Blaus eines Sonnentags auf die daran ja mitwirkenden Rosse des Sonnengotts, beide könnten demzufolge authentisch sein. Es hängt also von der Entscheidung des jeweiligen Herausgebers (und dann wieder von deren Überprüfung durch die Leser, z. B. durch einen über diese Textpassage referierenden Studenten) ab, ob Seneca hier das erst in der expressionistischen Malerei des 20. Jahrhunderts entdeckte Bild der «blauen Pferde» kühn vorweggenommen oder sprachlich schlichter nur vom «blauen Meer» gesprochen hat – geeinigt haben sich die Philologen bis jetzt nicht.

In Nepos' Miltiades-Biographie (3,4) hören wir von Miltiades' Plan, den über eine Donaubrücke ins Skythenland (Südrussland) gezogenen Persern mitsamt ihrem König Dareios den Rückweg zu versperren, um die Griechen von der drohenden Persergefahr zu befreien:

Nam si cum iis copiis, quas secum transportarat, interiisset Darius, non solum Europam fore tutam, sed etiam eos, qui Asiam incolerent Graeci genere, liberos a Persarum futuros dominatione et periculo.

1 transportarat **PA**: deportarat **L**

Da nach einem aus der Erfahrung gewonnenen Grundsatz der Textkritik nicht die Zahl der Handschriften, sondern die Qualität der Lesarten den Ausschlag gibt, könnte Nepos hier den Transport der persischen Armee über die Donau ebenso gut als *transportare* (so in den zwei Handschriften **P** und **A**) wie als *deportare* (so in der Handschrift **L**) bezeichnet haben: Das erstere Wort gebraucht er sonst nie, das letztere mehrmals in seinen Biographien. Soll man ihn also von dieser Stelle her eher als anspruchslosen, noch nicht einmal um Abwechslung im sprachlichen Ausdruck bemühten Skribenten ansehen (wofür ihn nicht wenige Philologen halten), oder hat er hier doch einmal mit der Wahl des Synonyms *transportare* ein gewisses Interesse für Variation und Stil bekundet?

In der *Aeneis* (6,237–242) beschreibt Vergil, wie sich Aeneas und die ihn geleitende Sibylle dem Avernersee (griech. *Aornus*), dem Eingang zur Unterwelt, in die Aeneas von einer Erscheinung seines verstorbenen Vaters gerufen worden war, nähern:

> *spelunca alta fuit vastoque immanis hiatu,*
> *scrupea, tuta lacu nigro nemorumque tenebris,*
> *quam super haud ullae poterant impune volantes*
> *tendere iter pennis: talis sese halitus atris*
> *faucibus effundens supera ad convexa ferebat,*
> *unde locum Grai dixerunt nomine Aornum.*

242 unde … Aornum **R**: *om. in* **MV** *recc.*: *del. Heyne: serv. Pighi.*

Der letzte Vers (242), der die voraufgehende Beschreibung, wie der von der schaurigen Stätte aufsteigende Todeshauch Vögel beim Überfliegen erstickt, zur Etymologie des Namens *Avernus / Aornus* (griech. *a-ornos* = vogellos) ausmünzt, ist zwar in einem der drei ältesten Vergilcodices (**R**; 5. Jh. n. Chr.) vorhanden, in den beiden anderen antiken (**MV**) und den jüngeren Vergilhandschriften *(recentiores)* jedoch ausgelassen *(om. = omisit)*. Falls die Vorlage der

Handschrift **R** älter war als die der Handschriften **MV**, müsste man annehmen, der Vers habe zum Originaltext der *Aeneis* gehört und sei später (in der Vorlage von **M** und **V**) übersprungen worden; falls aber umgekehrt die Vorlage von **R** jünger ist als die von **M** und **V**, wäre davon auszugehen, dass der Vers im Originaltext fehlte und erst später von einem mitdenkenden Kopisten, der dem Leser den etymologischen Beweggrund für Vergils Stimmungsbild explizit machen wollte, hinzugefügt *(interpoliert)* wurde: Der Vers kann demnach ebenso gut echt wie eine nachträgliche Zutat sein. Seit C. G. Heyne (1729 – 1812) gibt es daher Philologen, die ihn in ihren Vergilausgaben tilgen *(del. = delevit)*, seit Pighi aber auch Fachvertreter, die ihn beibehalten *(serv. = servat)*. Der Leser muss also auch hier noch selbst Stellung beziehen und herauszufinden suchen, ob Vergils Verse nun eher ein Stimmungsbild des düsteren Avernersees geben oder mit Hilfe dieses Bildes den Namen jenes Gewässers erläutern sollten.

In seinem Bericht über die schwere Entscheidungsschlacht gegen den Suebenfürsten Ariovist (*Gall.* 1,51 – 53) kommt Caesar nicht um das Eingeständnis herum, mitsamt seinen römischen Legionären zeitweilig in die Bredouille geraten und durch das rasche, selbständige Eingreifen des jungen Reiteroffiziers Crassus gerettet worden zu sein (*Gall.* 1,52,7):

> Id cum animadvertisset P. Crassus adulescens, qui equitatui praeerat, quod expeditior erat quam ii, qui inter aciem versabantur (damit meint Caesar verschleiernd sich selbst und seine Bedrängnis), tertiam aciem laborantibus nostris subsidio misit. Ita proelium restitutum est.

3 aciem **α**: partem **β**

Nach Ausweis des kritischen Apparats sind die Caesarhandschriften hier in zwei Gruppen gespalten: Die eine (**α**) berichtet, Caesar sei in solche Schwierigkeiten geraten, dass *an seiner Stelle* der junge Crassus den Oberbefehl über die dritte Schlachtreihe *(tertiam aciem)* übernehmen musste, deren Einsatz Caesar rettete und somit zum Sieg führte, die andere (**β**) schwächt denselben Vorfall mit der Aussage ab, der Reiteroberst Crassus habe nur den dritten Teil *(tertiam partem)* der *ihm* unterstellten Reiterei abkommandieren müs-

sen, um Caesar Luft zu verschaffen. Beides könnte damals geschehen sein; auch von der Absicht des Berichterstatters Caesar her lassen sich beide Lesarten, d. h. beide Versionen der Begebenheit, aufrechterhalten – entweder als ehrliches Eingeständnis Caesars, nur
dank Crassus' Hilfe die Schlacht heil überstanden und schließlich
gewonnen zu haben, oder als raffinierte, dem eigenen Feldherrn-
prestige weniger abträgliche Minimierung, der zufolge Crassus'
Hilfe in erheblich geringerem Ausmaß erforderlich gewesen wäre.
Nur die zunächst unauffällige Bemerkung Caesars *Gall.* 1,51,1, er
habe seine Armee in drei *acies* gegen Ariovist anrücken lassen
(*«ipse triplici instructa acie … accessit»*), lässt ahnen, dass der Er-
zähler im weiteren Verlauf seiner Darstellung dieses Detail, das Be-
reitstehen einer zweiten und dritten *(tertia acies)* Schlachtreihe,
noch gebrauchen würde, die alternative Lesart *tertiam partem* also
der Unachtsamkeit eines späteren Kopisten, dessen Text dann direkt oder über Zwischenglieder der gesamten Handschriften-
gruppe β als Vorlage diente, entsprungen ist. Auch in diesem Fall
ist die textkritische Prüfung kein Selbstzweck oder Philologen-
spleen, sondern Weichenstellung für das Bild, das sich die Leser
vom Verlauf der Schlacht machen, für die Beurteilung von Caesars
militärischem Können und für die Frage der Glaubwürdigkeit seines Berichts.

Natürlich darf die Auswahl aus den Lesarten nicht nach subjek-
tiven, persönlichen Impressionen erfolgen; man sucht ja nicht die
gefälligste, verständlichste, einleuchtendste, sondern die originale
Lesart. Die objektiv-wissenschaftlichen Kriterien, nach denen ein
Editor vorging und die Benutzer seiner Edition beim Nachprüfen
vorgehen sollten, stehen *nicht* im kritischen Apparat; ihre Kenntnis
wird vielmehr vorausgesetzt bzw. in Seminaren und anderen Lehrveranstaltungen an geeigneter Stelle vermittelt und eingeübt. Um
angehenden Philologiestudenten eine Vorahnung zu vermitteln,
seien nur kurz einige dieser Gesichtspunkte genannt. Als nicht authentisch verworfen werden u. a. Lesarten, die gegen die Grammatik, Metrik oder das Vokabular eines Autors oder seiner Epoche
verstoßen, die nicht zum spezifischen (rhetorischen oder schlichten, knappen oder wortreichen) Stil des Autors passen, die dem

Sinn der Textstelle (vorausgesetzt, man hat ihn richtig erfasst) oder dem Kontext deutlich widersprechen (deshalb wird im obigen Caesarbeispiel meist die im Kontext vorbereitete Lesart *tertiam aciem* vorgezogen), die durch ihre Banalität gegenüber einer kühneren, dem Künstler eher zuzutrauenden Formulierung qualitativ abfallen (daher wählen im obigen Senecabeispiel die meisten Herausgeber die «blauen Pferde» anstelle des abgedroschenen «blauen Meers»), die klar als Irrtümer des Abschreibers identifiziert werden können (Verwechslung ähnlicher Buchstaben oder Wörter, falsche Auflösung von Abkürzungen, Verdrehen der genuinen Wortfolge, Überspringen von Zeilen, Satzteilen, Kapiteln, falsche Abtrennung der in antiken Handschriften fortlaufend geschriebenen Wörter u. dgl.), denen anzusehen ist, dass sie aus einer Mischung des ursprünglichen Wortlauts mit späteren Glossen, Randbemerkungen von Lesern des Codex, entstanden sind. Ein anschauliches Beispiel für letztere Fehlerkategorie liefert Nepos' Hannibalbiographie (3,4):

> *Ad Alpes posteaquam venit ... loca patefecit, itinera muniit, effecit ut ea elephantus* ornatus *ire posset, qua antea unus homo inermis vix poterat repere.*

ornatus vel oneratus **L**: oneratus **PA**

Nepos rühmt hier Hannibals Pionierleistung, Kriechwege in den unerschlossenen Alpen so ausgebaut zu haben, dass selbst Kriegselefanten mit einem turmartigen Aufbau – dies ist mit dem nur Kennern geläufigen Fachausdruck *elephantus ornatus* gemeint – aufrecht passieren konnten; ein späterer Leser «übersetzte» für sich und Nachbenutzer seines Codex den Ausdruck mit dem platten «vel oneratus» («d. h. bepackt»). Beim Kopieren aus diesem Codex, der gemeinsamen Vorlage der drei Neposhandschriften **APL**, glaubten die Schreiber von **P** und **A**, die Randbemerkung sei eine Korrektur des vermeintlich falschen *ornatus*, während **L** sie für den Nachtrag eines vergessenen Satzteils hielt, den er wieder in den Nepostext einsetzen müsse. Gelingt es überdies, nach einer von K. Lachmann, dem Herausgeber des Nibelungenlieds, entwickelten Methode, den Stammbaum *(Stemma)* der vorhandenen Handschriften eines Textes zu rekonstruieren, lassen sich geradezu mechanisch alle als nachträglich eingekreuzt identifizierbaren Lesarten wieder eliminieren. Ob es jeweils ein solches Stemma gibt, erfährt der Benutzer aus dem Vorwort der kritischen Ausgabe, das sich nicht mit Wesen und Werk, sondern «nur» mit der handschriftlichen Überlieferung und ihren Problemen befasst.

Solche Kriterien führen in nicht wenigen Fällen zu einer evidenten, in allen Textausgaben akzeptierten Entscheidung, in anderen Fällen aber nur zu unsicheren Lösungen, die den einen Herausgeber diese, den anderen jene Lesart für richtig halten lassen: Wenn z. B. mehrere Lesarten sprachlich korrekt, stilistisch passend, inhaltlich akzeptabel erscheinen, ist eben jede Wahl ein Risiko. Daher gibt es in der Klassischen Philologie von jedem Text mehrere und immer wieder neue Ausgaben desselben Werks, die in einem Teil des Wortlauts *nicht* übereinstimmen, sondern divergierende Textfassungen vorlegen (vgl. im obigen Vergilbeispiel die *Aeneis*-Ausgaben mit und die ohne den Vers 6,242). Der Vergleich verschiedener Ausgaben ist für Anfangssemester eine gute Hilfe, die noch immer problematischen Stellen, die für ein Referat vorab geklärt oder die im Unterricht diskutiert werden müssen, am Widerspruch der Herausgeber ausfindig zu machen.

Manchmal erweisen sich *sämtliche* überlieferten Lesarten zu einer Stelle als falsch oder zweifelhaft; in diesem Fall versucht der Herausgeber zu *erraten*, wie der ursprüngliche, in den unbrauchbaren Lesarten der Handschriften untergegangene Wortlaut geheißen haben könnte, und setzt dann – nicht ohne einen Hinweis im kritischen Apparat – diesen rekonstruierten, nirgends mehr überlieferten Wortlaut, eine so genannte *Konjektur*, in die zum Druck bestimmte Textfassung. So sind, um ein einfaches Beispiel vorzuführen, in Catulls Hochzeitsgedicht für den vornehmen Torquatus (61,209–13) die guten Wünsche des Dichters für baldigen Nachwuchs im Hause des jungen Paars (Angehörige der Oberschicht heirateten im alten Rom nicht aus Verliebtheit, sondern um einen legitimen Erben zu bekommen) mit folgendem Idyll ausgedrückt:

Torquatus volo parvulus
matris e gremio suae
porrigens teneras manus
dulce rideat ad patrem
semihiante labello,

213 sed mihi ante *codd.*: semihiante *Scaliger*

Der kritische Apparat besagt, dass in allen Catullcodices das sehr
seltene Wort *semihiante* («mit halb offenem Mündchen») in eine
Nonsenslesart verballhornt wurde, aus der erst J. J. Scaliger, einer
der bedeutendsten Philologen des 16. Jahrhunderts, die originale
Fassung wieder erriet. Hilft selbst das Konjizieren nicht weiter, gilt
eine Textstelle als unheilbar geschädigt und wird vom Herausgeber
zwischen zwei Kreuze (sog. *crux desperationis*) gesetzt. Dabei kann
es durchaus vorkommen, dass ein anderer Herausgeber dieselbe
Textstelle anders beurteilt, eine Konjektur oder gar die Annahme
unheilbarer Textverderbnis nicht für nötig hält, weil er doch einer
der überlieferten Lesarten etwas abgewinnen kann. So muss sich
der Benutzer bzw. der mit einem Referat zu einer solchen Textpassage Beauftragte dann doch wieder selbst entscheiden. Der modernen Lesegewohnheit, einen gedruckten Text eben so hinzunehmen,
wie er einem vorliegt, steht somit im Umgang mit antiken Texten
ein viel kritischeres, den Wortlaut prüfendes Leserverhalten gegenüber.

Literaturhinweise

Birt, Th.: *Kritik und Hermeneutik nebst Abriß des antiken Buchwesens*
(HdA I 3), München 1913.
Dain, A.: *Les Manuscrits*, Paris [3]1975.
Delz, J.: *Textkritik und Editionstechnik*, in: F. Graf, *Einleitung*, Stuttgart-
Leipzig 1997, 52–73.
Kenney, E. J.: *The Classical Text. Aspects of Editing in the Age of the Prin-
ted Book*, Berkeley 1974.

Maas, P: *Textkritik*, Leipzig ⁴1960.

Pasquali, G.: *Storia della tradizione e critica del testo*, Florenz ²1952.

Pöhlmann, E.: *Einführung in die Überlieferungsgeschichte und in die Textkritik der antiken Literatur*, Darmstadt 1994.

Renehan, R.: *Greek Textual Criticism*, Cambridge/Mass. 1969.

Reynolds, L. D.: *Text and Transmission. A Survey of the Latin Classics*, Oxford 1983.

Reynolds L. D. – Wilson, N.: *Scribes and Scholars*, Oxford ³1991.

West, M. L.: *Textual Criticism and Editorial Technique*, Stuttgart 1973.

Willis, J.: *Latin Textual Criticism*, Urbana 1972.

V. Sprache

1. Vorgeschichte

Spezifische Gemeinsamkeiten in Grammatik, Wortbildung, Wortschatz lassen die meisten Einzelsprachen der Welt in verschiedene Sprachfamilien – z. B. die semitische, sino-tibetische, polynesische – zusammenfassen und auf jeweils eine (schriftlich nicht erhaltene, sondern rekonstruierte) Ursprache zurückführen. Griechisch und Latein gehören ebenso wie das Deutsche zu der 1816 von F. Bopp entdeckten indogermanischen (oder: indoeuropäischen) Sprachfamilie, deren Mitglieder sich im Lauf der Geschichte (Jungsteinzeit/ Bronzezeit) über ganz Europa (ausgenommen Baskisch, Finnisch, Türkisch, Ungarisch) und bis hin zur Wüste Gobi verbreiteten. Dem indogermanischen Kern verdanken Griechisch und Latein zahlreiche Gemeinsamkeiten, die sie darüber hinaus (je nach Fall) mit sämtlichen oder doch vielen der übrigen Sprachen dieser Familie (Keltisch, Germanisch, Italisch, Baltisch, Slawisch, Illyrisch, Hethitisch, Armenisch, Indo-Iranisch, Tocharisch) teilen, was die schon beim Vokabellernen immer wieder auffallenden Ähnlichkeiten und Gleichklänge zwischen Deutsch, Latein und/oder Griechisch (z. B. Vater, *pater*, πατήρ; drei, *tres*, τρεῖς; melken, *mulgere*, ἀμέλγειν; Gast, *hostis*; Meer, *mare*; Tochter, θυγατήρ) erklärt. Die längst fertigen Einzelsprachen traten schließlich in Inschriften und literarischen Texten ans Licht, je nach dem Zeitpunkt ihrer Alphabetisierung in verschiedenen Epochen: manche schon im 2. Jahrtausend v. Chr. (Sanskrit, Hethitisch, Griechisch des Linear B), andere während der klassischen Antike (Latein, Italisch) oder Spätantike (u. a. Slawisch in Kyrills, Germanisch in Ulfilas gotischer Bibelübersetzung), manche erst während des Mittelalters. Einige indogermanische Sprachen sind bereits wieder ausgestorben, andere leben in einer einzigen modernen Sprache (u. a. Griechisch im Neugriechischen) weiter, manche sind zu einer Vielzahl lebendiger Tochtersprachen angewachsen, z. B. das Lateinische zu zwölf romanischen, das Urslawische zu über zehn slawischen Sprachen.

Die auffallendste Gemeinsamkeit der indogermanischen Sprachen ist das auf Deklination und Konjugation, also auf *Wortstamm* und *Endung* basierende Flexionssystem, das anderen Sprachfamilien unbekannt ist. In vielen modernen indogermanischen Sprachen, besonders im Englischen, ist dieses Prinzip allerdings wieder im Verschwinden begriffen, obwohl es in deren Anfangsstadien (z. B. Anglo-Saxon, Althochdeutsch) voll ausgebildet war. Ebenso charakteristisch für die indogermanische Sprachfamilie ist die überdurchschnittlich hohe Zahl gemeinsamer, weil auf dasselbe Urwort zurückgehender Wörter (Lehnwörter wie z. B. Ziegel, Wein, Kaiser aus lat. *tegula, vinum, Caesar* sind aus der Bestandsaufnahme altererbter Gemeinsamkeiten herauszufiltern) und Endungen.

Die Erforschung der Ursprache Indogermanisch (Indoeuropäisch) und ihrer allmählichen Verzweigungen in die Einzelsprachen obliegt dem Fach *Indogermanistik*. Wer im Studium griechische bzw. lateinische Endungen, Stamm- oder Wortformen nicht einfach auswendig lernen, sondern ihre lautgesetzliche Herleitung und Verwandtschaft auch begreifen möchte, sollte das Lehrangebot dieses (nicht an allen Universitäten vertretenen) Fachs nutzen. Wer z. B. weiß, dass im Griechischen ein ursprüngliches (= indogermanisches) anlautendes /s/ zu /h/ verwandelt wird, entdeckt sogleich die Identität von griech. ὗς, ἑπτά mit lat. *sus, septem* (und dt. *Sau, sieben*); wer die lateinische Rhotazismusregel kennt, der zufolge ein ursprüngliches /s/ zwischen zwei Vokalen zu /r/ verwandelt wird, kann sich Veränderungen in Wortpaaren wie *eram/essem, gero/gessi, heri/hesternus, honorus/honestus* über das Einpauken hinaus auch erklären; wer die lateinische Umlautregel (ein kurzer Vokal in offener Binnensilbe wird zu /i/, vor /r/ zu /e/ abgewandelt) anzuwenden versteht, durchschaut Lautwechsel wie *facere/conficere, amicus/in-imicus, dare/abdere*.

2. Griechisch

Bis 1950 galten Inschriften aus dem 8. Jh. v. Chr. und die aus jener Zeit stammenden homerischen Epen *(Ilias, Odyssee)* als die ältesten Zeugnisse der griechischen Sprache. Die Entzifferung der auf Kreta und an manchen Fundplätzen Griechenlands ausgegrabenen Tontafeln mit Inschriften in Linear B, einer aus der Silbenschrift der Kreter (Linear A) weiterentwickelten Schrift, ergab jedoch, dass schon diese Dokumente des 2. vorchristlichen Jahrtausends einen urtümlichen *griechischen* Dialekt, das Mykenische, wiedergeben, Griechisch demnach mit seinen Nachfolgeformen Mittel- und Neugriechisch schon über vier Jahrtausende hinweg gesprochen wird. Diese Tontafeln dienten bürokratischen Zwecken (Inventare, Steuerlisten u. dgl.), enthalten also keine literarischen Texte.

Seit 1200 v. Chr. wanderten weitere Griechenstämme von Norden nach Hellas ein, die zu drei anderen Dialekten des Griechischen gehören. Da sie sich nach der Einwanderung in lauter kleinräumige, souveräne Stadtstaaten zersplitterten, die sich trotz gemeinsamem Bekenntnis zum Griechentum eher als Ausland betrachteten, zerfiel Griechenland in eine Vielzahl lokaler Dialekte ohne übergreifende Gemeinsprache (diese, die sog. *Koinē*, entstand erst nachträglich mit der von Alexander d. Gr. herbeigeführten Vereinigung Griechenlands im 4./3. Jh. v. Chr.). Die gewöhnlich aus Inschriften, in manchen Fällen auch aus literarischen Texten bekannten Dialekte werden summarisch in drei Zweige gegliedert:

• das Ionisch-Attische, das die Dialekte der Ionier (ägäische Inseln, Westküste Kleinasiens) und das damit verwandte Attisch der Stadt Athen umfasst,

• das Äolische, das auf Lesbos und an der Nordwestküste Kleinasiens gesprochen wurde,

• das Westgriechische, dem die Dialekte der Dorer (Sparta, Korinth, Megara; Kreta; Rhodos) und der Westgriechen (Phoker, Böotier, Thessalier) zugerechnet werden.

Der Bevölkerungsüberschuss dieser Kleinstaaten wanderte zwischen dem 8. und 6. Jh. v. Chr. auf der Suche nach Siedlungsland ins gesamte Mittel- und Schwarzmeergebiet (bis nach Marseille, Trapezunt und auf die Krim), besonders zahlreich nach Kleinasien, Sizilien und Unteritalien aus (sog. *griechische Kolonisation*). Dadurch verbreiteten sich die vielerlei lokalen Dialekte über die ganze damals bekannte Welt.

Dem Schul- und Graecumsunterricht wird freilich nur einer dieser Dialekte zugrunde gelegt: der attische der Athener (man lernt also nicht schlechthin «Altgriechisch», sondern Grammatik und Vokabular des attischen Griechisch). Dies beruht darauf, dass ein sehr großer und wichtiger Teil der antiken Literatur der Griechen (Philosophie, Historiographie, Redekunst), vor allem der Prosa, in ebendiesem Dialekt geschrieben worden ist; im Verlauf eines Gräzistikstudiums wird man aber auch mit (vorwiegend poetischen) Texten in *anderen* Dialekten konfrontiert, für deren Lektüre man sich die erforderlichen Sprachkenntnisse erst aus einer der Gesamtdarstellungen der griechischen Dialekte, aus einer Dialektgrammatik oder dem Vorwort einer Textausgabe aneignen muss. Dass der Umgang mit solchen Texten nicht allzu schwierig ist, sollen drei Vergleiche zwischen Dialekttext und attischer «Übersetzung» zeigen.

Eine Strophe der lesbischen Dichterin Sappho (7. Jh. v. Chr.) lautet im äolischen Original:

οἰ μὲν ἰππήων στρότον, οἰ δὲ πέσδων,
οἰ δὲ νάων φαῖσ᾽ἐπὶ γᾶν μέλαιναν
ἔμμεναι κάλλιστον, ἔγω δὲ κῆν᾽ὄτ-
τω τις ἔραται,

was im Attischen (unter Aufgabe der metrischen Korrektheit) hieße:

οἱ μὲν ἱππέων στρατόν, οἱ δὲ πεζῶν
οἱ δὲ νεῶν φασιν ἐπὶ γῆν μελαίνην
εἶναι κάλλιστον, ἐγὼ δὲ ἐκεῖνον ὅτ-
του τις ἐρᾶται.

Die böotische Dichterin Korinna (6. Jh. v. Chr.) schreibt in ihrem Heimatdialekt:

119

μέμφομη δὲ κὴ λιγουράν
Μουρτίδ'ἰώνγα,
ὅτι βανὰ φοῦσ'ἔβα
Πινδάροι πὸτ ἔριν,

was (wiederum unter Preisgabe metrischer Korrektheit) ein Athener folgendermaßen schriebe:

μέμφομαι δὲ καὶ λιγυράν
Μυρτίδ'ἔγωγε,
ὅτι γυνὴ οὖσ'ἔβη
Πινδάρῳ πρὸς ἔριν.

Der syrakusanische, d. h. dorische, Ingenieur Archimedes (3. Jh. v. Chr.) beginnt seine «Schrift vom Sande», in der er die Berechenbarkeit der zur Ausfüllung des Alls nötigen Sandmenge beweisen und so die dem griechischen Denken unerträgliche Vorstellung einer Unendlichkeit des Weltalls widerlegen will, mit den Worten:

Οἴονταί τινες τοῦ ψάμμου τὸν ἀριθμὸν ἄπειρον εἶμεν τῷ πλήθει. Λέγω δὲ οὐ μόνον τοῦ περὶ Συρακούσας τε καὶ τὰν ἄλλαν Σικελίαν ὑπάρχοντος, ἀλλὰ καὶ τοῦ κατὰ πᾶσαν χώραν, τάν τε οἰκημέναν καὶ τὰν ἀοίκητον. Ἐντί τινες οἳ αὐτὸν ἄπειρον μὲν εἶμεν οὐχ ὑπολαμβάνοντι,

was in attischer Übertragung folgende Form annähme:

Οἴονταί τινες τῆς ψαμάθου τὸν ἀριθμὸν ἄπειρον εἶναι τῷ πλήθει. Λέγω δὲ οὐ μόνον τῆς περὶ Συρακούσας τε καὶ τὴν ἄλλην Σικελίαν ὑπαρχούσης, ἀλλὰ καὶ τῆς κατὰ πᾶσαν τὴν χώραν, τήν τε οἰκουμένην καὶ τὴν ἀοίκητον. Εἰσί τινες οἳ αὐτὴν ἄπειρον μὲν εἶναι οὐχ ὑπολαμβάνουσι.

Die Unterschiede zwischen den vier Dialektgruppen (Mykenisch, Äolisch, Ionisch-Attisch, Westgriechisch) und zwischen den einzelnen Dialekten innerhalb einer Gruppe betreffen kaum Syntaktisches, selten den Wortschatz (z. B. ion.-att. ἄν = äol. κε = westgr. κᾶ), in der überwiegenden Mehrzahl jedoch Divergenzen in der Akzentuierung (Äolier betonen meist die Anfangs-, Westgriechen die Schlusssilbe eines Worts), der Behandlung des Hauchlauts (im

Äolischen und Ionischen verloren, im Attischen und Westgriechischen erhalten), in der Lautentwicklung und den Flexionsendungen (z. B. ion.-att. καλέω = äol. κάλημι; ion.-att. τῶν = westgr. τᾶν).

Unter diesen Gegebenheiten wählten die alten Autoren Griechenlands (8. bis 5. Jh. v. Chr.) jeweils den Dialekt ihrer Heimat: Der kleinasiatische Historiker Herodot schreibt ionisch, die lesbischen Lyriker Sappho und Alkaios äolisch, der syrakusanische Komödiendichter Epicharmos dorisch, die Dichter der bei den Westgriechen aufkommenden Chorlyrik dorisch (Alkman in Sparta) bzw. böotisch (Pindar in Theben). Eine Singularität stellt in diesem Rahmen die Sprache des griechischen Epos, der ältesten fassbaren Literaturgattung, dar: ein künstlicher, nur von den Epikern verwendeter «Dialekt» aus Spuren mykenischer, einem größeren Prozentsatz äolischer und einem noch beträchtlicheren Anteil ionischer Sprachelemente. Dies ist genetisch bedingt: Die Epik begann bei den Mykeniern, wurde von äolischen Dichtern übernommen und schließlich von den Ioniern majorisiert, wobei in jeder Phase der Dialekt der Vorgänger zurückgedrängt, aber auch viele ihrer gelungenen oder traditionell gewordenen Wendungen beibehalten wurden. Der *Gattungszwang* (vgl. Kap. II 3) verlangt von späteren Vertretern einer Gattung, sich nach den Kunstregeln ihrer Vorgänger zu orientieren: Für manche griechische Literaturform gilt daher während der gesamten Antike eine dialektale, vom Attischen abweichende Einfärbung ihrer Sprache, auch wenn die späteren Autoren aus einer anderen Gegend Griechenlands stammten bzw. auch nachdem die Lokaldialekte zugunsten der *Koinē* ausstarben. Im attischen Drama sind z. B. die Dialoge attisch, die Chorlieder dagegen noch dorisch eingefärbt, der Chorlyriker Bakchylides aus dem ionischen Keos verfasst seine Gesänge in pindarisierender Sprache, alle Dichter hexametrischer Gattungen (Epos, Elegie, Epigramm, Lehrgedicht) folgen der homerischen Kunstsprache, in der das griechische, in Hexametern verfasste Epos erstmals zutage getreten war.

Zur klassischen Zeit Griechenlands (5./4. Jh. v. Chr.) wird Athen dank seiner militärischen (Perserkriege, attischer Seebund)

und finanziellen (Tributeinnahmen aus dem Seebund) Übermacht auch zum kulturellen Zentrum des Griechentums. Träger dieses Aufschwungs waren nicht nur athenische Künstler (Phidias), Philosophen (Sokrates, Platon) und Literaten (Thukydides; Aristophanes; Aischylos, Sophokles, Euripides; Isokrates, Demosthenes), die Stadt zog vielmehr fast alle Intellektuellen anderer Landstriche an (z. B. Gorgias, Anaxagoras, Aristoteles, Zenon, Chrysipp, Epikur). All diese Autoren wählen daher den attischen Dialekt anstelle ihres Heimatdialekts als Literatursprache, die nun für die gesamte Prosa maßgeblich wird, in der Dichtung allerdings den Gattungszwang nicht aufheben, die bereits traditionell gewordenen Dialekte bzw. Dialekteinfärbungen nicht verdrängen kann. In hellenistischer Zeit (3./2. Jh. v. Chr.) vergnügen sogar manche Dichter (Kallimachos, Theokrit, Herondas) sich und ihre kenntnisreichen Leser mit Gedichten in bisher literaturfernen, vor allem dorischen Dialekten. Der größere Teil der als klassisch geltenden Literatur und die gesamte nachklassische Prosa der Griechen ist aber mit Attisch-Kenntnissen zugänglich.

Die griechische Literatur der nachklassischen, d. h. hellenistischen und römischen Jahrhunderte setzt diese sprachliche Zweiteilung fort: Bis zum Ende der Antike folgt die Poesie den literarischen Dialekten, insbesondere dem homerischen, die Prosa einer auf der Basis des Attischen entwickelten Gemeinsprache, der *Koinē* (κοινός = gemeinsam), die das durch die Makedonenkönige Philipp und Alexander d. Gr. geeinte Griechenland und (bis ans Ende der Antike) den seit Alexanders Eroberungen gräzisierten Orient (Ägypten, Libyen, Syrien, Kleinasien, Persien) beherrscht. In ihrer amtlichen und literarischen, d. h. genormten Version ist diese Sprache dem Attischen so nahe, dass sie auf dieser Basis mühelos gelesen werden kann – Veränderungen wie z. B. der Wegfall des Duals oder die Ersetzung des attischen Lauts /ττ/ durch ionisches /σσ/ (θετταλία → θεσσαλία) fallen kaum auf. So ist Attisch auch der Schlüssel zur nachklassischen Prosa, den Texten des Neuen Testaments und der griechischen christlichen Autoren der Antike. Die gesprochene Koine allerdings, die die einstigen lokalen Dialekte bis zum 1. Jh. n. Chr. weitgehend verdrängte, verändert sich im Laufe der Jahrhunderte immer mehr in Richtung auf das heutige Neugriechisch: In der Aussprache (η, υ, ει, οι fallen mit ι zusammen: sog. griechischer *Itazismus*), in der Deklination und Konjugation (z. B. ἔχω γράψαι statt γράψω), in der Syntax (Verschwinden des Dativs; Ausdehnung des Akkusativs auf alle Präpositionen). Das auf Literarisches konzentrierte Studium der Gräzistik bringt wenig Berührung mit diesen Sonderentwicklungen; ihr gehäuftes Auftreten in nicht-literarischen Papyri und Inschriften verlangt vom Papyrologen, Epigraphiker, Althistoriker die Kenntnis solcher nichtattischer Neologismen. Als Kostprobe sei aus einem Briefchen des kleinen Theon an seinen Papa, der ihn nicht nach Alexandria mitnahm, zitiert (*Papyr. Oxyrhynch.* 1,119; 2./3. Jh. n. Chr.), wobei das niedrige Alter, d. h. die geringe Schulbildung des Knäbleins die Eigenheiten der gesprochenen Koine (die korrekten Formen sind zum Vergleich in Klammern hinzugefügt) umso unverfälschter hervortreten lässt:

Θέων Θέωνι τῷ πατρὶ χαίρειν. Καλῶς ἐποίησες (-σας) · οὐκ ἀπήνεχές (-ενκές) με μετ᾽ἐσοῦ (σου) εἰς πόλιν. Ἡ(εἰ) οὐ θέλις (-εις) ἀπενέκκειν (-ενκεῖν) μετ᾽ ἐσοῦ (σου) εἰς ᾽Αλεξανδρίαν (-είαν), οὐ μὴ γράψω σε (σοι) ἐπιστολὴν οὔτε λαλῶ σε (σοι) οὔτε υἱγένω (ὑγιαίνω) σε εἶτα. ῍Αν δὲ ἔλθῃς εἰς ᾽Αλεξανδρίαν (-είαν) οὐ μὴ λάβω (λαμβάνω) χεῖραν (χεῖρα) παρὰ σοῦ οὔτε πάλι χαίρω σε λυπόν (λοιπόν). ῍Αμ (ἄν) μὴ θέλῃς ἀπενέκαι (ἀπενέγκαι) με, ταῦτα γείνετε (γίνεται) …

Das Beispiel zeigt, wie sehr die Bewahrung der genormten Schriftsprache von Dauer und Intensität des Schulunterrichts und der privaten Klassikerlektüre abhing.

Die *Aussprache* des antiken Griechisch ist in den Ländern Europas aufgrund unterschiedlicher Schultraditionen uneinheitlich, wie Studierenden bei Auslandssemestern auffallen wird. In Deutschland gilt die so genannte *erasmische* Aussprache, die der Humanist Desiderius Erasmus 1528 begründete. Diese deckt sich weitgehend mit der sprachwissenschaftlich (aus den Schriften der antiken Grammatiker) rekonstruierten tatsächlichen Aussprache des klassischen Attisch, wäre allerdings in einigen Punkten zu berichtigen, was bisher jedoch aus Traditionsgründen an Schulen und Hochschulen unterblieb: Die Laute φ, χ, ϑ müssten statt als /f/, /ch/, /t/ als p, k, t *mit* h-Nachschlag (ähnlich der deutschen Aussprache in «Paris, Kaffee, Tee») ausgesprochen und von π, χ, τ als p, k, t *ohne* Hauchlaut (ähnlich der französischen Aussprache in «Paris, café, thé») unterschieden werden; ω wäre als langes offenes /o/ wie in engl. «law», ει als langes, geschlossenes /e/ wie in «Meer» zu sprechen.

3. Lateinisch

Wenn die Römer ihre Literatur *litterae Romanae*, ihre Sprache dagegen *lingua Latina* nennen, so beruht dies darauf, dass sie einen Teilstamm des nach Latium eingewanderten Indogermanenvolks der Latiner bilden und dessen Sprache sprechen. Ursprünglich zerfielen die Latiner in zahlreiche autonome Einzelstädtchen (Praeneste, Tibur, Aricia, Lanuvium, Lavinium, Fidenae, Ardea, Tusculum etc.) mit jeweils lokalen Varianten der lateinischen Sprache – z. B. existierte im Praenestinischen das mit deutsch «denken» verwandte Verbum «tongere», das im Lateinischen der Stadt Rom fehlt –, bis die Eroberung Latiums durch Rom (6./5. Jh. v. Chr.) dazu führte, dass die stadtrömische Variante des Lateinischen den Vorrang bekam und im Lauf der Jahrhunderte zur Amts- und Kultursprache des Römischen Reichs wurde. Latein ist also die latinische Sprache Roms und kennt daher im Unterschied zur Zersplitterung des Griechischen keine Dialektvielfalt. Nach dem Untergang der Antike löst sich das Lateinische jedoch in zahlreiche romanische Sprachen (Westromania: Galloromanisch = Provenzalisch, Frankoprovenzalisch, Französisch; Rätoromanisch = Bündnerromanisch, Zentralladinisch, Friaulisch; Iberoromanisch = Katalanisch, Spanisch, Portugiesisch; Ostromania: Italienisch, Dalmatisch, Rumänisch; das isoliert stehende Sardisch) auf, während das Koine-Griechisch in der einen neugriechischen Sprache fortlebt.

Die Sprache der Latiner erscheint erstmals um 600 v. Chr. auf einer Inschrift: Die *fibula Praenestina*, eine in Praeneste gefundene

Gewandspange, nennt Hersteller und Besitzer des Schmuckstücks mit den archaischen Worten «Manios med fhefhaked Numasioi», die später im klassischen Latein «Manlius me fecit Numerio» lauten würden. Die älteste stadtrömische Inschrift, der Rombesuchern bekannte *lapis niger* auf dem Forum, eine abgebrochene Steinsäule mit senkrechter Inschrift, stammt aus dem 5. Jh. v. Chr. und ist sprachlich so urtümlich, dass erst ein Teil entschlüsselt werden konnte (z. B. *iovestod = iusto*; *iouxmenta = iumenta*).

Im Schulunterricht entsteht meist der Eindruck, als sei Latein eine in den vielen Regeln der Schulgrammatik einzementierte, unveränderliche Sprache; in Wirklichkeit war auch diese – wie jede lebendige – Sprache ständig in Entwicklung und Veränderung begriffen. Sprachgeschichtlich unterscheidet man zwischen archaischem (6./4. Jh. v. Chr.), Altlatein (3./2. Jh. v. Chr.), klassischem (1. Jh. v. Chr./1. Jh. n. Chr.), kaiserzeitlichem und Spätlatein (ab dem 4. Jh. n. Chr.): Hieraus vermittelt das Gymnasium (mit den dort gebrauchten Grammatiken, Lehr- und Wörterbüchern) nur das klassische Latein und dessen Regeln. Seitdem die ursprünglich unliterarischen Römer ab 240 v. Chr. begannen, lateinische Literatur zu produzieren, ist zudem für jede dieser Sprachepochen zu differenzieren zwischen der gehobenen, grammatisch geregelten Schriftsprache und der gröberen, grammatisch laxen Umgangssprache: Unter all diesen Varietäten ist das klassische, d. h. Schullatein die Form der Schriftsprache mit den genauesten und umfassendsten Regelungen. Aus diesem Grund erscheint «Latein» als besonders schwierige, fast überreglementierte Sprache: Das gesprochene Latein der Römer war jedoch erheblich, die alt- und spätlateinische Schriftsprache immerhin spürbar einfacher, lockerer, unkomplizierter. Da aber die wichtigsten Autoren Roms während der klassischen Zeit lebten (Cicero, Caesar, Vergil, Horaz, Ovid, Livius) oder die klassische Schriftsprache auch in späteren Jahrhunderten beibehielten (Seneca, Quintilian, Plinius, Boethius, Augustinus), wird gerade diese schwierigste Ausformung der lateinischen Sprache dem Schulunterricht zugrunde gelegt. Das Studium der lateinischen Philologie basiert zwar im sprachpraktischen Teil (Grammatik-, Stil-, Übersetzungsübungen) ebenfalls auf dem klassischen Latein, führt jedoch in Vorlesungen, Seminaren, Lektürekursen zur Begegnung auch mit Texten und Autoren, die von dessen Regeln und Vokabular abweichen.

Das archaische Latein ist nur noch in wenigen Inschriften sakralen oder juristischen Charakters (sog. *verba concepta*) greifbar, was die Sprache – vielleicht einseitig – starr und formelhaft erscheinen lässt. Die ältesten dieser Inschriften (6./5. Jh. v. Chr.) sind noch so urtümlich, dass ihre Deutung bis heute unsicher ist, die jüngeren (darunter Bruchstücke des berühmten Zwölf-Tafel-Gesetzes) nähern sich bereits dem uns vertrauten Erscheinungsbild, z. B. in der Grabschrift eines 298 v. Chr. verstorbenen Scipionen:

> *Cornelius Lucius Scipio Barbatus, Gnaivod patre prognatus, fortis vir sapiensque, quoius forma virtutei parisuma fuit. Consol, censor, aidilis quei fuit apud vos. Taurasia, Cisauna, Samnio cepit, subigit omne Loucanam opsidesque abdoucit.*

Ein erheblich bunteres Bild zeigt das sich anschließende Altlatein: Seit dem Entstehen des ersten lateinischen Literaturwerks (240 v. Chr.) beginnen sich geschriebene und gesprochene Sprache auseinander zu entwickeln; das Schriftlatein verfügt zudem schon bald über eine beträchtliche Variationsbreite vom knappen, schmucklos-sachlichen Ausdruck des (ersten) Prosaikers Cato über die erhabene, oft überdreht-gekünstelte Sprache von Epos (Naevius, Ennius) und Tragödie (Ennius, Pacuvius, Accius) bis zum lockeren, der Umgangssprache näheren, mit griechischen Brocken durchsetzten Latein der Komödie (Plautus, Caecilius). Wer altlateinische Texte liest, stößt oft auf andersartige Deklinations- und Konjugationsformen *(servos, deūm, magnai, omnīs, sanguen, laudarier, laudavēre, faxo, posivi, siem, duim* neben *servus, deorum, magnae, omnes, sanguis, laudari, laudavērunt, faciam, posui, sim, dem)*, kann bei Wörtern ein im Vergleich zum klassischen Latein engeres oder weiteres Bedeutungsfeld vorfinden, begegnet vielen später verschwundenen Vokabeln (z. B. *exanclare, antidhac, rarenter, prosapia, socors, lurcho, cunctabundus*). Der auffälligste Unterschied zum späteren klassischen Latein besteht in der Vielfalt grammatischer Alternativen, die die Lebendigkeit und Spontaneität dieser noch wenig in Regeln eingezwängten Sprachstufe verraten: Substantive der u-Deklination können z. B. nach Belieben auch nach der o-Deklination flektieren (Genitivpaare *senatūs/senati, exercitūs/exerciti*), neben dem (klass.) Ablativ können *uti, frui, vesci, potiri* ebenso gut den Akkusativ zur Objektangabe verwenden, nach den Verben des Sagens und Meinens finden sich neben dem (klass.) AcI auch *quod-* oder *ut*-Sätze, das *cum historicum* («als») und *cum causale* («weil») kann wahlweise mit dem (klass.) Konjunktiv oder dem Indikativ konstruiert werden etc. Als erste Phase der Literarisierung ist Altlatein noch nicht zu den aus Cicero und Caesar berühmten Perioden- oder Schachtelsätzen fähig; der Stil jener Epoche begnügt sich noch mit dem Aufreihen kurzer, einfacher Hauptsätze, in die nur selten Nebensätze, noch seltener Partizipialkonstruktionen – Elemente, die ciceronische Perioden so umfangreich und kompliziert machen – eingefügt sind, vgl. z. B. Cato, *orig.* 4,7 Jordan:

> *Consul tribuno gratias laudesque agit. Tribunus et quadringenti ad moriendum proficiscuntur. Hostes eorum audaciam admirantur; quorsum ire pergant, in exspectando sunt ... Romani milites circumveniuntur, circumventi repugnant. Fit proelium diu anceps; tandem superat multitudo. Quadringenti omnes cum uno perfossi gladiis aut missilibus operti cadunt.*

Versuchen sich altlateinische Autoren an längeren Satzgefügen mit mehreren Nebensätzen, reicht auch hier das Können kaum über ein simples Aneinanderhängen der Glieder zum Kettensatz hinaus, wie z. B. Fragmente aus Reden Catos zeigen:

> (frg. 93 Malcovati) *Nam periniurium siet, cum mihi ob eos mores, quos prius habui, honos detur, ubi datus est, tum uti eos mutem atque alii modi sim,*
> (frg. 208 Malcovati) *Audite sultis, milites, si quis vestrum bello superfuerit, si quis non invenerit pecuniam, egebit.*

Im letzten vorchristlichen Jahrhundert entwickelt sich aus der altlateinischen Flexibilität die strenge, klare klassische Schriftsprache; Cicero und Caesar vollenden diese Entwicklung. Ihr Motor war die (Cato noch fremde) Rhetorikschule, die die Römer von den Griechen übernahmen und zur allgemeinen Höheren Schule ausbauten. Eine Grundforderung der griechischen Rhetorik war die nach Ἑλληνισμός, korrektem und «gutem» Griechisch, was im 4. Jh. v. Chr. sprachwissenschaftliche Disziplinen wie Grammatik und Synonymik hervorrief, die nun «gutes» und «schlechtes» Griechisch scheiden sollten. Ähnlich standen jetzt die Römer vor der Forderung nach *Latinitas*, d. h. korrektem und fehlerfreiem Latein: Dieses musste aber aus dem Vielerlei und Nebeneinander (bisher) gleichberechtigter Alternativen durch Unterscheiden «richtiger» und (jetzt erst) «inkorrekter» Möglichkeiten ausgesiebt werden. Das klassische Latein ist Produkt dieses rigorosen Normierungsprozesses, der der Sprache weit weniger Spielraum und Beweglichkeit beließ als das flexible Altlatein und jenes engmaschige Netz von Grammatikregeln schuf, das heute schlechthin als «die» lateinische Grammatik gilt. In allen Wahlmöglichkeiten des Altlateinischen wird nun nur noch eine «richtige» Alternative, z. B. die Form *audiebat* (statt *audibat*), der AcI (anstelle eines *quod*-Satzes) bei Verben des Sagens, der Ablativ (statt des Akkusativs) bei *uti, potiri, fungi* erlaubt und zur festen Regel erhoben, wobei die Kriterien jener Sprachmeister von Fall zu Fall variieren. Durch dieses Aussieben entsteht der klassische Wortschatz und die klassische Grammatik des Lateinischen, die Grundlage des Schulunterrichts sind.

Eine zweite Errungenschaft des klassischen Lateins ist die Entwicklung der *Periode*, des von zahlreichen Nebensätzen und Partizipialkonstruktionen (Ablativus absolutus, Participium coniunctum) durchsetzten und trotzdem klar durchstrukturierten, langen Schachtelsatzes (nicht zu verwechseln mit dem ungefügen, endlosen Bandwurmsatz). Eine Periode soll jeweils einen Teilschritt der Erzählung oder Argumentation mit allen dazugehörenden Neben- und Begleitumständen in sich schließen, diese zu einem gegliederten Satzgefüge zusammenführen und darin deren jeweilige (kausale, temporale, finale u. dgl.) Beziehungen in einem durchgeordneten System von Unter- und Überordnungen wiedergeben:

(Caesar, *Gall.* 4,12) *At hostes, ubi primum nostros equites conspexerunt, quorum erat V milium numerus, cum ipsi non amplius DCCC equi-*

tes haberent, quod ii, qui frumentandi causa erant trans Mosam profecti,
nondum redierant, nihil timentibus nostris, quod legati eorum paulo
ante a Caesare discesserant atque is dies indutiis erat ab his petitus, im-
petu facto celeriter nostros perturbaverunt.

Das durch solche Sätze trainierte analytische Durchdenken von
Aussagen bzw. Sachverhalten galt unter dem Etikett «formaler Bildungswert» (man spricht heute lieber von «problemlösendem
Denken») lange als spezifischer Zug und Vorzug des Lateinunter-
richts im Unterschied zum kommunikativ, auf direkte Nutzan-
wendung ausgerichteten Erwerb moderner Fremdsprachen. Den
zwischen altlateinischen Kettensätzen und klassischen Perioden
eingetretenen kognitiven Fortschritt kann ein Vergleich zwischen
dem alten Historiker Quadrigarius (frg. 57 Peter) und dem Klassiker Livius (7, 9, 6) illustrieren: Beide versuchen jeweils, die Begegnung eines Höchstrangigen mit einem in der Etikette unerfahrenen
Amtsträger zu erzählen, Quadrigarius mit einer Reihe kurzer, einfacher, paralleler Hauptsätze:

Ei consuli pater proconsul obviam in equo vehens venit; neque descen-
dere voluit, quod pater erat; et quod inter eos sciebant maxima concor-
dia convenire, lictores non ausi sunt descendere iubere. Ubi iuxta venit,
tum consul ait: «Quid postea?». Lictor ille, qui apparebat, cito intelle-
xit. Marium proconsulem descendere iussit. Fabius imperio paret et fi-
lium collaudavit.

Den analogen Vorfall, die heikle Begegnung zwischen *dictator* und
amtierendem Konsul, fasst Livius in nur zwei Perioden:

Ipse via Flaminia profectus obviam consuli exercituique, cum ad Tibe-
rim circa Ocriculum prospexisset agmen consulemque cum equitibus ad
se progredientem, viatorem misit, qui consuli nuntiaret, ut sine lictori-
bus ad dictatorem veniret. Qui cum dicto paruisset congressusque eo-
rum ingentem speciem dictaturae apud cives sociosque, vetustate iam
prope oblitos eius imperii, fecisset, litterae ab urbe allatae sunt …

Während manche Zeitgenossen Ciceros (Varro, Nepos, Sallust) das
klassische Latein noch nicht als verbindliche Literatursprache an-
sahen, verliehen ihm die späteren (z. B. Seneca, Plinius, Quintilian)
und späten (z. B. Hieronymus, Augustinus, Boethius) Autorenge-

nerationen bindenden Normcharakter, was die Bevorzugung dieser – früher *aurea Latinitas* genannten – Varietät im Schulunterricht erklärt. Allerdings haben sich zwei Zweige der lateinischen Literatur, die Geschichtsschreibung und die Dichtung, das Recht auf so markante und häufige Abweichungen von der klassischen Norm vorbehalten, dass man von zwei Sondersprachen innerhalb der lateinischen Literatursprache, der Dichtersprache bzw. dem Historikerlatein, spricht. Um die Kontinuität ihrer ja schon 100 Jahre vor Cicero entstandenen Literaturgattung nicht abreißen zu lassen, fügen die «klassischen» römischen Geschichtsschreiber (bes. Sallust, Livius, Tacitus) ihrer Sprache einen gewissen Anteil unklassischer, altlateinischer Wörter, Wortformen oder Wortbedeutungen bei. Der Umgang mit Historikertexten erfordert daher häufiger den Griff zum Lexikon, um ungewohnte, altertümelnde Sprachelemente aufzuschließen. Ein Textbeispiel aus Tacitus (*ann.* 3,45 f.), das die unklassischen Einschübe durch Unterstreichen markiert, mag das Buntscheckige dieser Kunstsprache veranschaulichen:

> *In fronte statuerat <u>ferratos</u>, in cornibus cohortes, a tergo <u>semermos</u>. Ipse inter primores equo insigni adire, <u>memorare</u> veteres Gallorum glorias quaeque Romanis adversa intulissent; quam decora victoribus libertas, quanto <u>intolerantior</u> servitus iterum victis. Non diu haec nec apud laetos, etenim <u>propinquabat</u> legionum acies, inconditique ac militiae nescii oppidani neque oculis neque auribus satis <u>competebant</u> ... Ingens ad ea clamor, et circumfudit eques frontemque pedites <u>invasere</u>, nec <u>cunctatum apud</u> latera. Paulum morae <u>attulere ferrati</u>, restantibus lamminis <u>adversum</u> pila et gladios; sed miles correptis securibus ... caedere <u>tegmina</u> et corpora.*

In der Dichtersprache sind solche Lizenzen noch häufiger und auch auf die Syntax ausgedehnt, da hier neben der altlateinischen Dichtertradition das Bestreben, die Sprache der Poesie durch Besonderheiten von der (klass.) Prosasprache abzuheben, oder der Wunsch, durch Nachahmen griechischer Spracheigentümlichkeiten die Poesie gegenüber der auf reine *Latinitas* begrenzten Prosa aufzuhöhen, eingewirkt haben. Man begegnet bei der Dichterlektüre also nicht nur, wie bei Historikern, altlateinischen Endungen, Wortformen und Wörtern, sondern ebenso oft der mit lateinischen Wörtern

ausgeführten Nachbildung von Gräzismen, z. B. zusammengesetz-
ten Nomina wie *caelicola*, *ignipotens*, *altisonus* (im Lateinischen
war diese Wortbildungsart früh ausgestorben), dem Accusativus
graecus (Akkusativ der Beziehung), der etwa die richtige lateinische Wendung «ore umerisque deo similis» (mit korrektem Ablativus limitationis) durch den dem Griechischen nachempfundenen
Ausdruck «os umerosque deo similis» zu ersetzen erlaubt, und
schließlich sprachlichen Kühnheiten, die dem nur mit den klassischen Normen Vertrauten unbekannt sind: z. B. dem poetischen
Plural (Verwendung von Pluralformen anstelle des gemeinten Sin-
gulars), dem proleptischen Adjektiv (das Adjektiv beschreibt eine
Eigenschaft, die erst durch die Handlung erzeugt werden soll: *de-
mersas obrue puppes*), der *Enallage* (Vertauschung) von Adjekti-
ven (*ibant obscuri sola sub nocte* statt logischerem *ibant soli sub
nocte obscura*), dem Gebrauch seltener, in Prosa ungebräuchlicher
Wörter und Wortbedeutungen (*nex/letum* statt *mors*; *aequor/
altum* statt *mare*; *natus, sator, tectum, lumen* statt *filius, pater,
domus, oculus*).

Ein paar Zeilen aus Vergils *Aeneis* (1,223 ff.) mögen wieder ver-
deutlichen, was Studierende im Umgang mit dem Dichterlatein erwartet (Unklassisches unterstrichen):

> *Et iam finis erat, cum Jupiter aethere summo*
> *despiciens mare velivolum terrasque iacentis*
> *litoraque et latos populos, sic vertice caeli*
> *constitit et Libyae defixit lumina regnis.*
> *Atque illum talis iactantem pectore curas*
> *tristior et lacrimis oculos suffusa nitentis*
> *adloquitur Venus: «O qui res hominumque deumque*
> *aeternis regis imperiis et fulmine terres,*
> *quid meus Aeneas in te committere tantum,*
> *quid Troes potuere …»*

Während die Literatursprache der römischen Kaiserzeit und Spätantike prinzipiell an den klassischen Regeln festhielt, entwickelte
und veränderte sich das gesprochene, also nicht durch Normen ge-
fesselte Latein ständig weiter, was die Kluft zwischen (unveränder-
licher) Schriftsprache und (veränderlichem) Umgangslatein all-

mählich so groß werden ließ, dass spätere Autoren und Gebildete das klassische Latein fast wie eine Fremdsprache in der Rhetorenschule erlernen mussten. Im 2. und 3. Jh. n. Chr. gelingt dies noch so gut, dass von den Neuerungen des gesprochenen Lateins nur weniges, und auch dies nur sporadisch, in die Literatursprache eindringen konnte. In der Spätantike wird jedoch der Unterschied zwischen beiden Sprachformen so krass und gleichzeitig die Schulbildung so ausgedünnt, dass nicht wenige Autoren nun immer wieder in die zeitgenössische Umgangssprache ausrutschen: Diese bei jedem Autor, manchmal von Werk zu Werk unterschiedlich starke Vermischung der beiden Sprachebenen produziert das so genannte Spätlatein. Manche Autoren verzichten nun sogar bewusst auf das obligatorische ciceronische Sprachideal, weil sie für ein weniger gebildetes Publikum schreiben, z. B. Verfasser antiker Kochbücher *(Apicius)*, medizinischer bzw. tiermedizinischer Ratgeber *(Mulomedicina Chironis)*, christlicher Erbauungsschriften oder Predigten (der Prediger Augustinus schreibt z. B. deutlich umgangssprachlicher als der Theologe). Zum Erkennen solcher Einsprengsel verhilft dem Leser neben dem Lexikon vor allem die Konsultierung einer historischen Grammatik, die neben den klassischen Normen auch die begegnenden Alternativen früherer oder späterer Epochen registriert.

Eine Kostprobe aus der um 400 n. Chr. verfassten *Peregrinatio Aetheriae*, in der die Stiftsdame Aetheria von ihrer Pilgerreise durchs Heilige Land nach Hause berichtet, soll wieder dieses Schwanken der spätlateinischen Literatursprache veranschaulichen. Die sprachliche Halbbildung der Autorin zeigt sich hier u. a. im Nebeneinander von korrektem und umgangssprachlichem Ausdruck (*nuntiabo/haberetis cognoscere*: analytisches *habere* + Infinitiv ersetzt in der Umgangssprache das synthetische Futur), in der Unsicherheit bei Kasusendungen (*corpo* statt *corpore*), Konjugationen (*descendent, responduntur* statt *descendunt, respondentur*), im Ausrutschen auf unklassischen Vokabeln (*pullorum* statt *gallorum*) oder Konstruktionen (*scire* mit *quia*-Satz statt AcI), in der Übernahme griechischer Modewörter (*cata* statt *ad* aus griech. κατά) in die *Latinitas*:

(23,10) *Si autem et post hoc in corpo fuero, si qua praeterea loca cognoscere potuero, aut ipsa praesens … vestrae affectioni referam aut certe scriptis nuntiabo. Vos tantum, dominae, lumen meum, memores mei esse dignamini, sive in corpore sive iam extra corpus fuero.* (24,1) *Ut autem sciret affectio vestra, quae operatio singulis diebus cotidie in locis sanctis habeatur, certas vos facere debui, sciens quia libenter haberetis haec cognoscere. Nam singulis diebus ante pullorum cantum aperiuntur omnia ostia Anastasis et descendent omnes monazontes … Et ex ea hora usque in luce dicuntur hymni et psalmi responduntur …, et cata singulos hymnos fit oratio.*

Das gesprochene Latein der republikanischen Zeit ist nur vereinzelt in Literaturwerken (Plautus' Komödien; Ciceros Privatbriefen, die weder in klassischer Schriftsprache noch in Periodensätzen geschrieben sind) zugänglich, dort allerdings in abgemilderter, literarisierter Form; für die frühe Kaiserzeit wird es durch Wandkritzeleien in Pompeji und Herculaneum sowie durch Petrons *Satyricon* kenntlich, wo das realistische Kunstprinzip die ungebildeten Romanfiguren, vor allem den neureichen Parvenü *Trimalchio* und sein Gefolge, bewusst umgangssprachlich reden lässt. Das spätantike Stadium, das so genannte Vulgärlatein, ist – wiederum in literarischer Brechung – der spätlateinischen Literatur beigemengt, unverfälschter in zahlreichen Inschriften (z. B. *CIL* 13,7645: *Hoc tetolo fecet Montana coniux sua Mauricio qui visit con elo annus dodece et portavit annus qarranta*) sichtbar, in vielem jedoch aus den romanischen Sprachen, in die es allmählich überging, zu rekonstruieren. Da es von keiner Schule oder Instanz normiert wird, verfügt es über ein Vielerlei nebeneinander bestehender Möglichkeiten, in denen sich Tendenzen – die nie zur festen Regel werden – niederschlagen bzw. in rascher Folge ablösen. Es behält altlateinische Wörter gegen das Verbot der Klassiker bei, verändert die Aussprache (*ae* wird zum Umlaut /ä/ statt klass. *ai*; *ce, ci, ti* zu *ze, zi* statt klass. *ke, ki, ti*), differenziert nicht mehr zwischen langen und kurzen Vokalen (was eine Elementarregel des klass. Lateins darstellte), bevorzugt wie die modernen Umgangssprachen unverbrauchte, neue, expressive Ausdrücke anstelle der ewig wiederholten, abgegriffenen der Schriftsprache (z. B. *caballus* statt *equus*, *testa* statt *caput*, *gula* statt *os*, *grandis* statt *magnus*, *bellus/formosus* statt *pulcher*). Vor allem aber ist das gesprochene Latein durch den Hang zur Vereinfachung und Erleichterung geprägt, wodurch es sich immer mehr vom klassischen Latein mit seiner Neigung zum Reglementieren und Differenzieren entfernt. Diese so genannte *Sprachökonomie* lässt z. B. das Neutrum aussterben (zwei Geschlechter reichen ja auch), stellt den vielen unterschiedlichen Kasusendungen (z. B. *pater, patris, patri, patrem, patre*) die analytische Umschreibung der Fälle durch Präpositionen gegenüber: *pater, de patre(m), ad patrem, patrem, a patre(m)*, wobei zur weiteren Vereinfachung alle Präpositionen den Akkusativ erhalten (ein Klassiker musste noch zwischen Präpositionen mit Akkusativ und Präpositionen mit Ablativ unterscheiden können), ersetzt die oft unregelmäßigen Perfektformen der Verben durch ein analytisches Einheitsperfekt: *missum habeo, dictum habeo* statt *misi, dixi*, bevorzugt problemlos konjugierbare Verben vor solchen mit komplizierten Stammformen (z. B. *portare, cantare, ambulare, parabolare* vor *ferre, canere, ire, loqui*), verdrängt den AcI durch simple *quod*-Sätze (*dico, quod Christus resurrexit* statt *dico Christum resurrexisse*), erlaubt in sämtlichen Nebensätzen den Konjunktiv, um die komplizierten Grammatikregeln über indikativische und konjunktivische Nebensätze zu umgehen. Lateinisch zu sprechen fiel also den Römern (und den Einwohnern ihres Reichs) erheblich leichter als das von den klassischen Regeln bestimmte Schreiben in dieser Sprache.

Das gesprochene Latein, vor allem in der späten Erscheinungsform des Vulgärlateins, setzt sich in den romanischen Sprachen fort, die spätlateinische Literatursprache lebt im Mittellatein, der Sprache mittelalterlicher Bildung und Wissenschaft, weiter. In der Renaissance wird jedoch wieder Cicero selbst als Sprach- und Stilideal entdeckt und bis in die Frühe Neuzeit Vorbild der neulateinischen Dichtung und Literatur. Ein letzter Rest dieser Cicero-Renaissance erwartet Studierende in den so genannten Stilübungen, in denen nicht nur das grammatisch fehlerfreie Übersetzen vom Deutschen ins Lateinische trainiert, sondern Stil und Duktus der klassischen Autoren nachzubilden versucht wird. Es genügt dabei nicht, eine deutsche Vorlage mit den richtigen Wörtern und der korrekten Grammatik wiederzugeben, man muss darüber hinaus z. B. aus mehreren deutschen Einzelsätzen eine lange lateinische Periode bilden, die deutsche Neigung zu Substantiven durch die lateinische Tendenz zum verbalen Ausdruck (Gerundium, Gerundivum, Partizip etc.) ersetzen u. dgl. Eine deutsche Satzfolge wie z. B.

> Der Feldherr gab ungeachtet der Warnungen seiner Offiziere vor allzu viel Vertrauen auf die Bundesgenossen den Befehl zum Angriff. Ihm war klar, dass weiteres Zögern die Zahl der Feinde bis zur Unbesiegbarkeit anschwellen lassen würde. Diese Gefahr schien ihm erheblicher als die Bedenken seiner Untergebenen.

würde in einer Stilübung in eine einzige ciceronische Periode zu verwandeln sein:

> Imperator, quamquam a legatis monitus erat, ne sociis nimis confideret, tamen, cum non ignoraret hostium numerum, si diutius cunctaretur, tantopere auctum iri, ut devinci non iam possent, signum proelii dedit, hoc sibi maiori periculo fore ratus quam suorum timorem.

4. Aussprache des Lateinischen

Latein wird in den einzelnen Ländern Europas unterschiedlich ausgesprochen, was bei Auslandssemestern auffällt. Dies beruht nicht nur auf nationalsprachlichen Einflüssen, sondern auf dem Streit zwischen einer älteren, am späten und mittelalterlichen Latein orientierten (und im Kirchenlatein fortlebenden) Ausspracheregelung und der so genannten *pronuntiatio restituta*, der aus antiken Grammatikertraktaten und der Wiedergabe römischer Namen und Bezeichnungen im Griechischen erschlossenen Aussprache des klassischen Lateins im 1. Jh. v. Ch. Letztere hat sich inzwischen an deutschen Schulen und Universitäten durchgesetzt, bei Theologen und Vertretern der älteren Generation begegnet jedoch noch die früher übliche Aussprache.

Für eine korrekte klassische Aussprache ist unabhängig von der jeweiligen Wortbetonung zwischen kurzen und langen Vokalen,

die man allerdings, da die römische Schrift Langvokale nicht kenn-
zeichnete, erst mit Hilfe des Lexikons für jedes Wort erlernen muss,
zu unterscheiden (vgl. *mālus* «Apfelbaum»/*mălus* «schlecht»; *mī-
seram* «ich hatte geschickt»/*mĭseram* «die unglückliche (Akk.)»,
věni «komm»/*vēni* «ich kam»), während die spätantik-mittel-
alterliche Aussprache alle unbetonten Vokale kurz, alle betonten
lang sein ließ (z. B. *Aristōtělěs*, *laetīzia* statt klass. *Aristŏtělēs*,
laetĭtĭă). Die Diphthonge /ae/ und /oe/ sind als /ai/ und /oi/, nicht
als Umlaute (ä, ö) zu artikulieren, die Lautfolgen *ce, ci, ti* als *ke, ki,
ti*, nicht wie im Spätlatein als *ze, zi* (die Zahlwörter 10 und 100 heißen also *děkem, kentum*, nicht *dēzem, zentum*, das Verbum *ca-
edere* lautete klassisch *kaidere*, nicht *zädere*): Selbst Ciceros und
Caesars Namen enthalten nach klassischer Norm kein /z/, wie die
griechischen Transkriptionen Κικέρων und Καῖσαρ zeigen.

Die Betonung lateinischer Wörter ist streng geregelt: Das Pän-
ultimagesetz schreibt vor, dass Wörter, deren vorletzte Silbe einen
langen Vokal, einen Diphthong (= Naturlänge) oder einen beliebi-
gen Vokal mit zwei oder drei nachfolgenden Konsonanten (= Posi-
tionslänge) enthalten, auf ebendieser vorletzten, langen Silbe betont werden müssen. Ist diese jedoch kurz, besteht sie also aus
einem kurzen Vokal *(idon-e-us)* oder aus einem kurzen Vokal mit
höchstens einem nachfolgenden Konsonanten *(simĭl-is)*, fällt der
Akzent auf die drittletzte Silbe (gleichgültig, ob diese lang oder
kurz ist). Daher kann die Betonung eines Worts innerhalb des Fle-
xionsparadigmas mehrfach wechseln (z. B. *adhíbŭi, adhibŭĭmus,
adhibŭērunt*; *planítĭēs, planĭtĭēi*).

Literatur

a) Griechisch
Browning, R.: *Medieval and Modern Greek*, Cambridge [2]1983.
Chantraine, P.: *Dictionnaire étymologique de la langue grecque*, 2 Bde, Pa-
ris 1968.
Chantraine, P.: *Grammaire homérique*, Paris [3]1988.

Duhoux, Y.: *Introduction aux dialectes grecs anciens*, Louvain-La-Neuve 1983.

Frisk, H.: *Griechisches etymologisches Wörterbuch*, 3 Bde, Heidelberg 1973.

Hiersche, R.: *Grundzüge der griechischen Sprachgeschichte*, Wiesbaden 1970.

Hoffmann, O. – Debrunner, A. – Scherer, A.: *Geschichte der griechischen Sprache*, 2 Bde, Berlin 1969.

Hooker, J. T.: *Linear B. An Introduction*, Bristol ²1983.

Kühner, R. – Blass, F.: *Ausführliche Grammatik der griechischen Sprache*, 2 Bde, Hannover ³1890.

Liddell, H. G. – Scott, R.: *Greek-English Lexicon*, Oxford 1990 (repr.).

Meier-Brügger, M.: *Griechische Sprachwissenschaft*, 2 Bde, Berlin-New York 1992.

Meillet, A.: *Aperçu d'une histoire de la langue grecque*, Paris ⁸1975.

Meister, K.: *Die homerische Kunstsprache*, Darmstadt 1966 (repr.).

Palmer, L. R.: *The Greek Language*, London-Boston 1980.

Pape, W.: *Griechisch-deutsches Wörterbuch*, 2 Bde, Braunschweig ⁶1914.

Rix, H.: *Historische Grammatik des Griechischen*, Darmstadt 1976.

Schmitt, R.: *Einführung in die griechischen Dialekte*, Darmstadt 1977.

Schwyzer, E.: *Griechische Grammatik* (Handbuch der Altertumswissenschaft II 1.1–2), 2 Bde, München ⁵1977.

Thumb, A.: *Handbuch der griechischen Dialekte*, 2 Bde, Heidelberg ²1932–²1959.

b) Lateinisch

Adams, J. N. – Mayer, R. G.: *Aspects of the Language of Latin Poetry*, Oxford 1999.

Allen, W. S.: *Vox Latina. A Guide to the Pronunciation of Classical Latin*, Cambridge ²1978.

Baldi, P.: *The Foundation of Latin*, Berlin-New York 1999.

Bammesberger, A.: *Lateinische Sprachwissenschaft*, Regensburg 1984.

Banniard, M.: *Du Latin aux langues romanes*, Paris 1997.

Devoto, G.: *Geschichte der Sprache Roms*, Heidelberg 1968.

Eisenhut, W.: *Die lateinische Sprache*, München ⁷1991.

Ernout, A.: *Historische Formenlehre des Lateinischen*, Heidelberg ³1920.

Georges, K. E.: *Ausführliches lateinisch-deutsches Handwörterbuch*, 2 Bde, Hannover ¹⁴1976.

Glare, P. G. W.: *Oxford Latin Dictionary*, Oxford 1985.

Happ, H.: *Grundfragen einer Dependenz-Grammatik des Lateinischen*, Göttingen 1976.

Herman, J.: *Le Latin vulgaire*, Paris 1975.

Hofmann, J. B.: *Lateinische Umgangssprache*, Heidelberg [4]1978.

Iliescu, M. – Slusanski, D.: *Du Latin aux langues romanes. Choix de textes traduits et commentés*, Wilhelmsfeld 1991.

Kühner, R. – Holzweissig, F.: *Ausführliche Grammatik der lateinischen Sprache*, 2 Bde, Hannover [2]1912.

Leumann, M. – Hofmann, J. B. – Szantyr, A.: *Lateinische Grammatik*, 3 Bde, München 1972–79.

Lewis, C. T. – Short, C.: *A Latin Dictionary*, Oxford 1879.

Löfstedt, E.: *Late Latin*, Oslo 1959.

Marouzeau, J.: *Das Latein. Gestalt und Geschichte einer Weltsprache*, München [3]1970.

Maurach, G.: *Lateinische Dichtersprache*, Darmstadt 1995.

Meiser, G.: *Historische Laut- und Formenlehre der lateinischen Sprache*, Darmstadt 1998.

Niedermann, M.: *Historische Lautlehre des Lateinischen*, Heidelberg [3]1953.

Palmer, L. R.: *The Latin Language*, London 1977.

Pinkster, M.: *Lateinische Syntax und Semantik*, Tübingen 1988.

Pulgram, E.: *Italic, Latin, Italian. 600 B. C. to A. D. 1200*, Heidelberg 1978.

Safarewicz, J.: *Historische lateinische Grammatik*, Halle 1969.

Stolz, F. – Debrunner, A. – Schmid, W. P.: *Geschichte der lateinischen Sprache*, Berlin [4]1966.

Strecker, K.: *Einführung ins Mittellatein*, Berlin [3]1939.

Väänänen, V.: *Introduction au Latin vulgaire*, Paris [3]1981.

Vetter, E.: *Handbuch der italischen Dialekte*, Heidelberg 1953.

Vossen, K.: *Mutter Latein und ihre Töchter*, Düsseldorf [2]1969.

Walde, A. – Hofmann, J. B.: *Lateinisches etymologisches Wörterbuch*, 3 Bde, Heidelberg [5]1982.

VI. Geschichte der Klassischen Philologie

Philologie (aus griech. φιλόλογος) ist eine Erfindung der Griechen, der Terminus wurde vom alexandrinischen Bibliotheksleiter Eratosthenes (276–195 v. Chr.) geprägt. Nach vereinzelten Vorläufern entsteht das Fach und der Beruf des Philologen im Zeitalter des Hellenismus (4.–2. Jh. v. Chr.), als man im Gefühl des Endes der klassischen Zeit des Griechentums deren literarisches Erbe in den Bibliotheken der neuen Hauptstädte, insbesondere in Alexandria und Pergamon, zu sammeln begann und dabei die starke Verwilderung und Unzuverlässigkeit der Texte sowie die häufige Notwendigkeit ihrer Erklärung feststellen musste. Die Bibliothekare (in Alexandria u. a. Zenodot, Apollonios, Eratosthenes, Aristophanes von Byzanz, Aristarch, in Pergamon Krates von Mallos), gleichzeitig Philologen und Literaten, machten es sich zur Aufgabe, durch kritische Sichtung der überlieferten Texte wieder verlässliche, den authentischen Wortlaut von späteren Verderbnissen, Kürzungen, Interpolationen (die durch Zeichen markiert wurden) abgrenzende Ausgaben herzustellen und diese durch Wort- und Sacherklärungen, die aus buchtechnischen Gründen in separaten Papyrusrollen veröffentlicht, nicht der Literaturedition beigegeben wurden, dem Publikum aufzuschließen; literaturkritische oder ästhetische Erläuterungen traten demgegenüber in den Hintergrund. Die Maxime der Alexandriner war, einen Autor aus sich selbst heraus, nicht mit Hilfe fremder, von außen herbeigezogener Kriterien oder Theorien zu erklären (diese «textimmanente» Methode prägt noch heute viele Kommentare zu antiken Werken), während Pergamon der Allegorisierung zuneigte und aus Homer z. B. die stoische Philosophie herauslesen zu können meinte. Die Alexandriner benötigten für ihre positivistische Erläuterung biographische Angaben über die Autoren, was entsprechende Forschungen (bes. Kallimachos' Bibliothekskatalog) initiierte, die lexikalische Erfassung des Wortschatzes, um ältere Wörter erklären und um spätere Interpolationen anhand von deren jüngerer Sprache dingfest machen zu können, Kenntnisse in Kulturgeschichte zur Deutung von Sitten, Sachen, Institutionen, und schließlich umfangreiches Wissen über Grammatik, Stil, Metrik. Manche Literaturgattungen, z. B. die als «niedrig» angesehenen Fabeln oder Märchen, die als nur unterhaltend abgewerteten Romane, wurden von dieser Philologie kaum wahrgenommen, entsprechend dürftig ist deren Erhaltung bzw. der heute noch mögliche Informationsstand. Nicht wenige Philologen, z. B. Kallimachos, Apollonios Rhodios, Eratosthenes, wurden durch die intensive Beschäftigung mit Literatur zu eigenen literarischen Schöpfungen inspiriert.

In dieser Form wurde im griechischen Kulturbereich, vom 1. Jh. v. Chr. an auch im römischen Philologie betrieben. Dies sicherte einerseits die Überlieferung vieler Texte vor späteren Entstellungen wie vor dem Untergang, produzierte eine Fülle von Kommentaren zu einzelnen wichtigen oder schwer verständlichen Autoren (erhalten sind z. B. antike Kommentare zu Vergil, Horaz, Ciceros *De inventione*, Statius, Aristoteles, Platons *Timaios*), förderte die so genannten antiquarischen Studien zur Kulturgeschichte früherer Epochen und die Abfassung zahlreicher Grammatiken, von denen manche, z. B. die griechische Grammatik des Dionysios Thrax, die für das Mittelalter maßgebenden lateinischen Grammatiken – *Ars minor* für Anfänger, *Ars maior* für Fortgeschrittene – des Aelius Donatus, noch heute erhalten sind, und ließ schon in der Antike Lexika z. B. zum älteren Sprachschatz (Verrius Flaccus, *De verborum significatu*), zum Wortschatz einzelner Epochen (Lexika des Ἀττικισμός von Aelius Dionysios, Pausanias) oder Autoren (z. B. Harpokrations Lexikon zu den attischen Rednern, Erotians Galen-Wörterbuch) entstehen, die in späteren Auszügen oder byzantinischen Wörterbüchern *(Etymologicum Genuinum, Etymologicum Magnum, Suda)* fortwirken. Die Kommentare der Philologen wurden ursprünglich als separate Rollen veröffentlicht, nach der Einführung des Codexformats in gekürzter Fassung an den Rändern der Textausgaben beigeschrieben; solche so genannten *Scholien* (in paganen Texten; am berühmtesten sind die verschiedenen Homerscholien) oder *Katenen* (in christlichen Texten) bewahrten sehr viel von der antiken Philologie.

Im Mittelalter wurde die griechische Literatur von den byzantinischen Gelehrten (u. a. Photios, Psellos, Eustathios) bewahrt und betreut; im Okzident, wo die Kenntnis des Griechischen früh verloren gegangen war (man kannte griechische Werke nur in den Fällen, in denen eine antike Übersetzung ins Lateinische oder eine mittelalterliche ins Arabische vorlag), wurde die lateinische Bildung den Klöstern anvertraut, die antike Literatur jedoch mehr zum Erlernen der Bildungssprache Latein, als Studientexte für Philosophie oder Fundgrube für Fachwissenschaftliches *nutzten*, als um ihrer literarischen Werte willen philologisch betreuten und vermittelten. Philologie entstand daher erst wieder während der Renaissance, zunächst im Italien des 14. Jahrhunderts (Petrarca, Boccaccio, Poggio, Salutati), wo auch erstmals wieder die griechische Sprache und Literatur (Berufung des Manuel Chrysoloras nach Florenz, 1397) zugänglich gemacht wurden, im 15. Jahrhundert dann über Italien (Valla, Poliziano) hinaus auch im übrigen Westen (Reuchlin, Melanchthon, Erasmus). Die Philologen dieser Epoche gleichen in manchem den alexandrinischen: Sie sammeln die Handschriften der griechisch-römischen Literatur, vor allem viele im Mittelalter vernachlässigte und vom Untergang bedrohte Texte (u. a. Ciceros Briefe, Plautus, Apuleius, Valerius Flaccus, Lukrez) bzw. die nach der türkischen Eroberung von Byzanz bedrohte griechische Literatur, bemühen sich um zuverlässige Neuausgaben und um Kommentierung und lassen sich von den klassischen Vorbildern zu eigenen literarischen Schöpfungen anregen. Sie gehen jedoch mit ihrer Idee des «Humanisten», der den bloßen Philologen ablösen sollte, über diesen engen Rahmen hinaus: Die Begegnung mit der Antike sollte nicht zur Wissenschaft gerinnen, sondern die *Bildung* des Menschen durch die Übernahme der sprachlich-stilistischen Eleganz und Gewandtheit antiker Autoren, durch die aus dogmatischer Starre befreiende Auseinandersetzung mit antiker Philosophie (Gründung der platonischen Akademie durch Marsilio Ficino in Florenz, 1459) und antiker Ethik (Horaz, Seneca, Juvenal, Cicero) fördern. Der Wunsch, die antike Bildung zu wiederholen, ging so weit, dass die Streitfrage, ob Latein strikt ciceronisch (Valla) oder doch in einer der Zeit angepassten Flexibilität zu

schreiben sei, lange Jahre vorherrschen konnte. Dieser Bildungs-
aspekt sicherte der Antike, ihrer Literatur und ihrer (von der Renaissance wiederentdeckten) Kunst im 14. und 15. Jahrhundert
einen «Sitz im Leben» und verhinderte das Abgleiten der Philologie in den Elfenbeinturm reiner Wissensanhäufung um der bloßen
Erkenntnis willen. Der Zugang zu antiken Texten wuchs stark an,
als 1465 der kurz zuvor erfundene Buchdruck die Verbreitung antiker Texte (am bekanntesten wurde die venezianische Druckerei
des Aldus Manutius) übernahm.

Im 16. und 17. Jahrhundert liegt der Schwerpunkt der Klassischen Philologie in Frankreich (G. Budé, J. Dorat, D. Lambin, J. J.
Scaliger, H. Estienne, I. Casaubon) und den Niederlanden (Universität Leiden: Lipsius, Voss, Gronovius). Trotz prinzipiellen Fest-
haltens am humanistischen Bildungsideal tendiert das Fach aber
zunehmend zur Verwissenschaftlichung: Kritische Editionen, antiquarische Forschung, sach- und realienbezogene Kommentierung
stehen im Mittelpunkt, der in Leiden als Forschungsprofessor (er
war von Lehrverpflichtungen prinzipiell befreit) tätige Scaliger erblickt im allumfassenden *Wissen* über die Antike das Ziel des Studiums, das nicht mehr über diesen Selbstzweck hinausreicht. Im
18. Jahrhundert übernimmt England, vor allem dank dem ingeniö-
sen Textkritiker Richard Bentley (1662–1742), die Führung: Text-
und Echtheitskritik werden nun zu den prägenden Strömungen.

Noch im 18. Jahrhundert ändert sich in Deutschland der Umgang mit der Antike, als J. J. Winckelmann (1717–1768) den so
genannten Zweiten Humanismus begründete und damit den Bil-
dungsaspekt wieder vom Staub polyhistorischer Wissensanhäufung befreite. Winckelmann lenkte das Interesse fast ausschließlich
auf die *griechische* Kultur, da die lateinische nur als deren unselb-
ständiger Abklatsch galt; die von Sturm und Drang und Romantik
betriebene Idealisierung des Authentischen, Ursprünglichen be-
kräftigte diese Einseitigkeit (die jedoch den formalen Bildungswert
des lateinischen *Sprach*-Unterrichts nicht in Frage stellte). Im 19.
Jahrhundert erlahmt dieser Aufbruch wieder; es entstehen die al-
tertumskundlichen Einzelwissenschaften (Archäologie, Alte Geschichte, Indogermanistik), die Textkritik erhält durch K. Lach-

mann (1793–1851) ein festes, fast mathematisches System, das Geschmacksurteile als zu subjektiv ausschloss, Theodor Mommsen und U. von Wilamowitz-Moellendorff propagieren erfolgreich die historisch-positivistische Altertumswissenschaft, die sich zum Selbstzweck zu erheben droht und im Glauben an die Objektivität wissenschaftlicher Erkenntnis den Bezug antiker Texte zur eigenen Zeit negiert (bezeichnenderweise nahm Wilamowitz prinzipiell nicht zur Kenntnis, dass seine Seminarteilnehmer *auch* zu Gymnasiallehrern ausgebildet wurden), dafür aber mit Großprojekten wie den Inschriftencorpora, Fragmentsammlungen, Nachschlagewerken für die größtmögliche Ausdehnung des Wissensstands sorgte. Die damals begonnene größte Enzyklopädie der Antike, die *Real-Encyclopädie der classischen Altertumswissenschaft (RE)* in über 80 Bänden, beschränkt sich bezeichnenderweise auf *Realien* (Personen, Orte, Institutionen, Gegenstände) unter Ausschluss sowohl antiker Ideen und Theorien wie der späteren Nachwirkung antiker Kultur.

Das 20. Jahrhundert ist in seiner ersten Hälfte geprägt von der Wiederentdeckung der lateinischen Literatur und ihres unter Gattungszwang und *Aemulatio* verborgenen Eigenwertes (Jachmann, Klingner), dem Versuch eines Dritten Humanismus (W. Jäger), dem Ende der deutschen Vorreiterrolle, vor allem infolge der Vertreibung vieler Philologen (darunter Koryphäen wie E. Fraenkel, M. Fränkel, E. Levy, H. Friedländer, P. Maas, W. Jäger) durch den Nationalsozialismus und die dadurch einsetzende Globalisierung des Fachs, dem zunehmenden Interesse für die Spätantike und die neulateinische Literatur der Renaissance, Barock- und Frühen Neuzeit. Derzeit öffnet es sich zögernd den neuzeitlichen, lange als zu wenig objektiv kritisierten Theorien und Methoden der Neueren Philologien und gerät andererseits durch die zunehmende Tendenz, Ausbildung zum Beruf mit wissenschaftsfundierter Bildung zu verwechseln, in die Gefahr, als nicht anwendungsorientierte, nicht zweckdienliche Wissenschaft beiseite gedrängt zu werden. Ob die von Kulturkritikern (O. Marquard) betonte Notwendigkeit der Bildung, die im Erinnern des Vergangenen den Menschen aus den Fesseln des Aktuellen befreit, oder die von Philologen entwickelten

Abwehrstrategien, die im Aktualisieren antiker Texte, im Studium der Urformen europäischen Denkens und Schreibens, im Erforschen der Nachwirkung antiker Literatur, kurz: im Nachweis eines doch vorhandenen *Nutzens* der Klassischen Philologie der Gefahr zu begegnen suchen, das Fach zu bewahren vermögen, wird die Zukunft zeigen. Vielleicht erwächst dem Fach auch aus der Selbstreflexion, die vom zunehmenden Interesse an der Fachgeschichte angestoßen wurde, eine neue Orientierung.

Literaturhinweise

Hentschke, A. – Muhlack, U.: *Einführung in die Geschichte der Klassischen Philologie*, Darmstadt 1972.

Hölscher, U.: *Die Chance des Unbehagens. Drei Essays zur Situation der klassischen Studien*, Göttingen 1965.

Ludwig, W. (ed.): *Die Antike in der europäischen Gegenwart*, Göttingen 1993.

Pfeiffer, R.: *Geschichte der Klassischen Philologie. Von den Anfängen bis zum Ende des Hellenismus*, München ²1978.

Pfeiffer, R.: *Die Klassische Philologie von Petrarca bis Mommsen*, München 1981.

Plumb, J. H. (ed.): *Crisis in the Humanities*, London 1964.

Schwinge, E. R. (ed.): *Die Wissenschaften vom Altertum am Ende des 2. Jahrtausends n. Chr.*, Stuttgart-Leipzig 1995.

Waquet, F.: *Le Latin ou l'empire d'un signe*, Paris 1999.

Wyke, M. – Biddiss, M. (edd.): *The Uses and Abuses of Antiquity*, Bern 1999.

Praktische Hinweise

1. Studiengang, Studienverlauf

Das Fach Klassische Philologie zerfällt in die zwei separaten Studienfächer *Latinistik* und *Gräzistik*; beide können als Haupt- oder als Nebenfächer im Lehramts-, Magister- und Promotionsstudiengang belegt werden. Für diese Studiengänge erlässt jede Universität spezielle Studienordnungen mit Angaben zu Gliederung und Verlauf des Studiums, Studieninhalten, formalen und inhaltlichen Prüfungsanforderungen; man sollte sie zu Beginn des Fachstudiums einsehen. Die Richtzahl für die Studiendauer beträgt acht Semester, darf aber überschritten werden.

Im Lehramtsstudiengang müssen mindestens zwei Schulfächer, im Magister- und Promotionsstudiengang drei Fächer kombiniert werden. Die Wahl von Latein *und* Griechisch bringt zwar den umfassendsten Einblick in die Antike, verschließt aber oft den Blick für die von anderen Fächern (Neuere Philologien, Psychologie, Linguistik) getragenen neuen Strömungen der Literaturbetrachtung und ist zumindest im Lehramtsstudiengang riskant, da der Bedarf der Gymnasien an Griechischlehrern minimal ist. Interessierte sollten stattdessen Griechisch als drittes Fach zusätzlich zu einer der gefragteren Zweier-Kombinationen Latein + NN wählen. Die Fächerkombinationen sind in manchen Bundesländern weitgehend frei (z. B. Latein / Biologie, Latein / Sport), in anderen auf wenige Schulfächer (meistens Deutsch, moderne Fremdsprache, Religion) beschränkt; eine rechtzeitige Anfrage bei der zentralen Studienberatung oder dem Institut für Klassische Philologie der Wahluniversität gibt nähere Auskunft. Man sollte die Fächerkombination nicht von der momentanen Marktlage der Studienfächer zu *Beginn* des Studiums abhängig machen, da diese sich oft schon am *Ende* des Studiums wieder zugunsten anderer, nunmehr gefragter Fächer verschoben hat, sondern hierbei eher seinen persönlichen Neigungen folgen. Im Magister- und Promotionsstudiengang ist die Fächerwahl erheblich freier und auch auf Nicht-Schulfächer ausdehnbar; wer allerdings in Latinistik oder Gräzistik als *Hauptfach* promovieren will, muss in der Regel Latein *und* Griechisch studiert haben.

Gräzistik kann in allen drei Studiengängen an folgenden Universitäten studiert werden: Berlin (Freie Universität, Humboldt-Universität), Bochum, Bonn, Dresden (TU), Düsseldorf, Erlangen, Frankfurt/M., Freiburg, Gießen, Göttingen, Greifswald, Halle, Hamburg, Heidelberg, Jena, Kiel, Köln, Konstanz, Leipzig, Mainz, Mannheim, Marburg, München (LMU), Münster, Regensburg, Rostock, Saarbrücken, Trier, Tübingen, Würzburg. Latinistik wird (ebenfalls in allen drei Studiengängen) an denselben Hochschulen sowie an den Universitäten Bamberg, Bielefeld, Eichstätt, Osnabrück, Potsdam angeboten. Einen Magisterstudiengang in Latinistik gibt es zudem an der Universität Augsburg, in Gräzistik an den Universitäten Bamberg und Potsdam. In der Regel muss man zwei Semester vor der Studienabschlussprüfung an derjenigen Universität immatrikuliert sein, an der man das Examen ablegen möchte; der Wechsel der Universität innerhalb Deutschlands und der EU unterliegt sonst keinen Beschränkungen.

Das Studium der Latinistik setzt das Graecum, das der Gräzistik das Latinum voraus; wer diesen Nachweis nicht schon durch das Abiturzeugnis erbringt (was im Fall des Graecums auf 90 Prozent der Studierenden zutrifft), wird durch Kurse an den Universitäten (2 – 3 Semester) auf eine entsprechende Nachholprüfung (Wiederholung möglich) vorbereitet. Der Nachweis muss bei der Meldung zur Zwischenprüfung vorliegen.

Im weiteren Studienverlauf folgt dann die Zwischenprüfung (je nach Universität zwischen 4. und 6. Fachsemester) zum Übergang in das Hauptstudium, die aus Übersetzungsklausuren (lat./dt.; dt./lat. bzw. griech./dt.; dt./griech.), an manchen Universitäten zusätzlich noch aus einer mündlichen Prüfung besteht. Sie kann in den beiden Kombinationsfächern zeitlich versetzt, aber auch gleichzeitig abgelegt werden; Wiederholung ist (gewöhnlich einmal) möglich. Das Hauptstudium wird abgeschlossen durch die Erste Staatsprüfung (Lehramtsstudiengang) oder durch die Magisterprüfung, die in den gewählten zwei bzw. drei Fächern zusammen abgelegt werden muss und einmal wiederholt werden darf. Im Lehramtsstudiengang folgt darauf noch der zweijährige Vorbereitungsdienst (Referendariat) und die Zweite Staatsprüfung. Die Erste Staatsprüfung ist *fachwissenschaftlich* orientiert, schließt aber Teilprüfungen in Erziehungswissenschaft und Psychologie ein (die in manchen Bundesländern terminlich vorgezogen werden können), die Zweite dient der *pädagogisch-didaktischen* Qualifikation. Eine Promotion setzt den (mindestens) guten Abschluss von Staats- oder Magisterprüfung voraus; der Lehramtsstudiengang lässt sich, falls gewünscht, durch zusätzliche Lehrveranstaltungen zur Magisterprüfung ausbauen, der umgekehrte Fall scheitert gewöhnlich am Fehlen erziehungswissenschaftlicher Anteile im Magisterstudiengang.

Die Erste Staatsprüfung ist Voraussetzung für den Staatsdienst (Schul-, Bibliotheks-, Museumslaufbahn), der Magisterstudiengang verlangt die eigene Findigkeit, sich auf dem freien Arbeitsmarkt eine adäquate Position (z. B. Verlagswesen, Kulturredaktion, Tourismus, Personalmanagement) zu suchen. Zum Lehramtsstudiengang gehören neben den fachwissenschaftlichen auch Lehrveranstaltungen in Erziehungswissenschaft, Psychologie, Fachdidaktik sowie ein oder zwei mehrwöchige Schulpraktika während des Studiums; der Magisterstudiengang ist davon befreit, umfasst aber eine größere Zahl vorgeschriebener fachwissenschaftlicher Lehrveranstaltungen und sollte im Interesse späterer Berufsaussichten von Volontariaten oder Praktika bei einschlägigen Institutionen, Betrieben, Redaktionen, die die Studierenden selbst zu organisieren haben, begleitet sein.

Die drei Studiengänge gliedern sich in das Grund- und das anschließende Hauptstudium. In beiden Studienabschnitten besucht man (1) Vorlesungen, Übungen, Lektürekurse *nach Wahl*, (2) die von der jeweiligen Studienordnung vorgeschriebenen *scheinpflichtigen* Lehrveranstaltungen (Pro- und Hauptseminare, Sprach- oder Stilübungen), deren erfolgreiche Absolvierung durch einen benoteten Schein nachzuweisen ist (diese Scheine sind der Meldung zur Zwischen- bzw. zur Ersten Staatsprüfung/Magisterprüfung beizufügen; fehlt einer, wird man vom Prüfungsamt nicht zum Examen zugelassen). Die Benotung resultiert aus Referaten, Hausarbeiten, Klausuren und der mündlichen Beteiligung. Die Studienordnungen schreiben jeweils eine Mindestzahl solcher Pflichtlehrveranstaltungen vor (im Durchschnitt zwei Pro-, zwei Hauptseminare, zwei bis vier Sprach- oder Stilübungen), jeder Studierende sollte aber zur Erweiterung und Vertiefung seiner Kenntnisse wie zum Ausbügeln individueller Schwachpunkte mehr als nur diese Mindestzahl besuchen (für dieses freiwillige Übersoll an Lehrveranstaltungen entfällt die Scheinpflicht). Zusätzlich sollten in beiden Studienabschnitten Lehrveranstaltungen aus dem Umfeld des Fachs, z. B. in Archäologie, Alter Geschichte, Indogermanistik, Epigraphik, Paläographie, Religions- oder Philosophiegeschichte, Patristik, nach eigener Wahl besucht werden, um das Studium vor allzu einseitiger Enge zu bewahren und der verbreiteten Neigung vieler Lehramtsstudenten, ihr Interesse nur auf das direkt Schulrelevante zu beschränken, entgegenzuwirken: Hintergrundwissen schadet später in keiner Schulstunde und bewahrt Lehrer wie Schüler vor manchem langweiligen Unterricht.

Das Grundstudium ist infolge ständiger Verkürzungen des altsprachlichen Schulunterrichts heute arbeitsintensiver als in früheren, besser vorbereiteten Generationen. Zu den oben genannten Lehrveranstaltungen kommt für die Mehrzahl der Studienanfänger das *Nachholen* fehlender Grundkenntnisse hinzu. Nachzuholen sind meistens: (1) das Graecum (s. o.), (2) Grammatikkenntnisse mit dem Ziel der sicheren, aktiven Beherrschung der Sprache im Schriftlichen (mit Hilfe vorgeschalteter Grammatikübungen, ab dem 3. Fachsemester durch deutsch-lateinische bzw. deutsch-griechische Übersetzungs- und Stilübungen), (3) der lateinische bzw. griechische Wortschatz durch Selbststudium (in Klausuren und universitären Lehrveranstaltungen ist die Benutzung eines Lexikons nicht erlaubt), (4) die antike Metrik (durch Kurse oder Selbststudium). Für das Selbststudium sind die so genannten Semesterferien vorgesehen (daher ihre für Laien befremdliche Länge). Erstsemester sollten überdies, falls im Lehrangebot ihrer Universität vorgesehen, eine Übung zur Einführung in die Klassische Philologie sowie eine Anleitung zur Benutzung ihrer Universitätsbibliothek (wird vom Bibliothekspersonal in den ersten Semestertagen angeboten) besuchen.

Universitätsunterricht unterscheidet sich deutlich von dem an Schulen oder Fachhochschulen: Es gibt keine Jahrgangsklassen, sondern nur die beiden Studienabschnitte Grund- und Hauptstudium, innerhalb deren die Studierenden die individuelle Verweildauer, den Stundenplan, die Zahl der pro Semester angestrebten Scheine selbst bestimmen; der Stoff wird nicht in verschulter, systematischer Form, sondern exemplarisch durchgenommen, weshalb die Studierenden Teilgebiete oder Autoren, die an ihrer Universität nicht behandelt wurden oder deren Behandlung sie versäumt haben, im Selbststudium nachzuholen haben; im Examen wird nicht nur der jeweils im Unterricht durchgenommene, sondern auch der im Selbststudium zu erarbeitende Stoff abgeprüft. Zur Kontrolle des Wissensstands bieten die meisten Universitäten spezielle Examenskurse zur Prüfungsvorbereitung an, die gegebenenfalls mehrmals besucht werden sollten.

Die Erste Staats- bzw. Magisterprüfung umfasst (1) die Vorlage einer Zulassungs- bzw. Magisterarbeit (Hausarbeit) im gewählten Hauptfach; (2) zwei (in Bayern drei) Klausuren (fremdsprachlich/deutsche und deutsch/fremdsprachliche Übersetzung, in Bayern zusätzlich eine Textinterpretation); (3) mündliche Prüfungen aus den Bereichen Philologie (unter Berücksichtigung der vom Kandidaten angegebenen Wahlautoren), Fachdidaktik (im Lehramtsstudiengang), gegebenenfalls Archäologie; (4) Klausuren und mündliche Prüfungen aus dem erziehungswissenschaftlich-psychologischen Bereich (im Lehramtsstudiengang).

2. Hilfsmittel

Literatur für ein Referat besorgt man sich aus der altertumswissenschaftlichen Jahresbibliographie *Année Philologique* unter den einschlägigen Rubriken, am sinnvollsten beginnend mit dem jüngsten Band (derzeit Jahrgang 1997). Die neueste Sekundärliteratur wird in der «Bibliographischen Beilage» der Zeitschrift *Gnomon* verzeichnet. Ein Referat darf sich nicht damit begnügen, *eine* Fachpublikation und deren Meinung *wiederzugeben*, sondern soll das Vielerlei der Publikationen und Deutungen kritisch sichten, vergleichen, diskutieren: Man sollte deshalb die bibliographische Recherche nicht schon nach ein paar gefundenen Titeln abbrechen. Die Mehrzahl der klassisch-philologischen Publikationen sind in Deutsch, Englisch, Französisch oder Italienisch geschrieben.

Über Namen und Sachen, die in Texten erwähnt werden, gibt (unter dem jeweiligen deutschen, lateinischen oder griechischen Stichwort) die *Realencyclopädie der classischen Altertumswissenschaft (RE)* oder (nach Sachgebieten geordnet) der einschlägige Band des *Handbuchs der Altertumswissenschaft* umfassend Auskunft; erste Informationen liefert auch schon ein Kommentar zur Textausgabe oder eines der kleineren Nachschlagewerke zur Antike *(Lexikon der Alten Welt; Der kleine Pauly; Oxford Classical Dictionary)*. In Seminaren und Übungen werden Texte nicht einfach übersetzt, sondern unter textkritischen, inhaltlichen, quellenkundlichen, strukturellen, sprachlich-stilistischen Aspekten diskutiert und interpretiert: Man sollte sich bei der häuslichen Stundenvorbereitung deshalb anhand dieser Nachschlagewerke sachkundig machen.

Grammatische Fragen oder Auffälligkeiten klärt man anhand von Leumann-Hofmann-Szantyr, *Lateinische Grammatik*, bzw. von Schwyzer, *Griechische Grammatik*, die historisch angelegt sind und für alle Literaturepochen Auskunft geben. Für lexikalische Fragen sind die in Kapitel V genannten Lexika *Georges*, *Lewis-Short*, *OLD* bzw. *Pape*, *Liddell-Scott* hilfreich (eines davon sollte man sich für den Hausgebrauch anschaffen, da Schulwörterbücher für die Anforderungen im Studium nicht ausreichen); für das Lateinische liegt zudem das größte, Latein in lateinischer Sprache erläuternde Lexikon *Thesaurus Linguae Latinae (ThLL)* vor, bis jetzt für die Buchstaben A–M, O–P.

Autoren und Werktitel werden in der Fachliteratur nach einem international geltenden Schema abgekürzt (z. B. Cic., *rep.* = Cicero, *De re publica*; Sall., *hist.* = Sallust, *Historiae*; Tert., *fug.* = Tertullian, *De fuga in persecutione*). Für die lateinische Literatur kann man das Schema in der «Zitierliste» im ersten Band des *ThLL* nachschlagen; für die griechische Literatur gilt die Zitierliste in *Liddell-Scott, Greek-English Lexicon*. Die beiden Listen regeln auch verbindlich, wie die Buch- und Kapitelangaben (stets nur nackte Zahlen) zu handhaben sind, z. B. *Aen.* 6,700 = *Aeneis*, Buch 6, Vers 700; *Gall.* 3,4,2 = *Bellum Gallicum*, Buch 3, Kapitel 4, Paragraph 2. Auch die meist umfangreichen Zeitschriftentitel werden nach einem international gebräuchlichen System abgekürzt und nicht in vollem Wortlaut zitiert (z. B. MH = *Museum Helveticum*; JRS = *Journal of Roman Studies*; REG = *Revue des Études Grecques*; PP = *Parola del Passato*); die entsprechende Liste findet sich in jedem Band der *Année Philologique* abgedruckt.

3. Internet

Über Möglichkeiten, das Internet für das Studium der Klassischen Philologie zu nutzen, informiert D. Kaufmann – P. Tiedemann, *Internet für Althistoriker und Altphilologen*, Darmstadt 1999. Neben den *homepages* der einzelnen Universitäten, denen man Informationen über das Lehrangebot des kommenden Semesters und über das Lehrpersonal entnehmen kann, sind die folgenden Startseiten empfehlenswert:

- Universität Erlangen, Institut für Klassische Philologie
  http://www.phil.uni-erlangen.de
- University of Michigan, Classics
  http://classics.lsa.umich.edu/
- University of Kentucky
  http://www.uky.edu/ArtsSciences/Classics/Schools.html
- Library of Congress, Washington
  http://lcweb.loc.gov/global/classics/claslink.html
- Université de Bruxelles
  http://www.fusl.ac.be/Files/General/BCS/Bib.html
- Università degli Studi di Bologna
  http://www.classics.unibo.it/

Abkürzungsverzeichnis

Aen.	= Vergil, *Aeneis*
am.	= Ovid, *Amores*
ann.	= Tacitus, *Annales*
Bacch.	= Plautus, *Bacchides*
carm.	= Horaz, *Carmina*
Cas.	= Plautus, *Casina*
Cat.	= Sallust, *De coniuratione Catilinae*
conf.	= Augustinus, *Confessiones*
dial.	= Tacitus, *Dialogus de oratoribus*
Dion.	= Nonnos, Διονυσιακά
ecl.	= Vergil, *Eclogae*
epist.	= *Epistulae*
fast.	= Ovid, *Fasti*
fin.	= Cicero, *De finibus bonorum et malorum*
Gall.	= Caesar, *De bello Gallico*
hist.	= Tacitus, *Historiae*
inst.	= Quintilian, *Institutio oratoria*
Il.	= Homer, Ἰλιάς
Iug.	= Sallust, *De bello Iugurthino*
met.	= Ovid, *Metamorphosen*
Od.	= Homer, Ὀδύσσεια
off.	= Cicero, *De officiis*
orig.	= Cato, *Origines*
parad.	= Cicero, *Paradoxa Stoicorum*
Phorm.	= Terenz, *Phormio*
Tusc.	= Cicero, *Tusculanae disputationes*

rowohlts enzyklopädie